Ansteigen an einer bestimmten Markierung, ob die notwendige Hitze gehalten beziehungsweise überschritten wird (durch Dampfaustritt erkennbar) oder absinkt.

● Gleichzeitig fungiert das Ventil als zusätzliche Sicherheit. Bei entstandenem Überdruck entweicht der überflüssige Dampf durch Zischen, ein Geräusch, das Ängstliche nicht erschrecken, sondern beruhigen sollte!

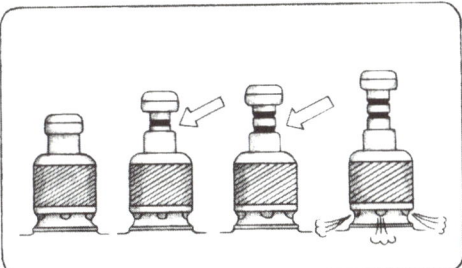

Die Pfeile zeigen was wichtig ist beim Kochventil: 1. Strich für zartes Kochgut, 2. Strich immer richtig, wenn nicht anders angegeben.

Das Öffnen des Topfes

Nach beendeter Garzeit können Schnellkochtöpfe erst geöffnet werden, wenn kein Druck mehr im Topf vorhanden ist. Der Druck entweicht durch folgende Maßnahmen:

Langsames Abkühlen

Den Topf vom Herd nehmen und warten, bis sich das Kochventil ganz gesenkt hat. Bei diesem Vorgehen schlägt sich der im Topf enthaltene Dampf als Kondenswasser nieder. Gleichzeitig erfolgt auch ein Nachgaren, das aber bei empfindlichem Kochgut vermieden werden sollte. Das bedeutet zum Beispiel, daß zartes Gemüse mit kurzer Kochzeit dabei verkocht. Bei anderen Gerichten wie Eintöpfen,

Suppen, Ragouts und Schmorbraten kann dieses Nachgaren jedoch ein Vorteil sein.

Schnelles Abkühlen

Damit kein Nachgaren entsteht, der Topf also sofort nach Beendigung der Garzeit geöffnet werden kann, wird er rasch abgekühlt. Dies geschieht durch Abkühlen des Topfes unter dem Kaltwasserhahn (immer den Wasserstrahl auf den Deckel und nicht auf das Kochventil richten! Siehe Zeichnung). Diese Methode ist zum Beispiel bei Pellkartoffeln nicht zu empfehlen, da deren Schalen dann aufspringen, hingegen bei Kochgut, das zu rasch weich werden könnte.

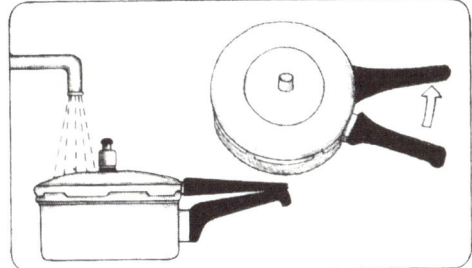

Nach dem Abkühlen des Topfes das Ventil herausschrauben und den Topf öffnen.

Welcher Topf ist richtig?

Darüber gibt es verschiedene Meinungen. Ich bin der Ansicht, daß ein Schnellkochtopf nicht zu klein sein darf. 6 oder 5 Liter Fassungsvermögen sind sicher in jedem Fall richtig. Auch für den Zweipersonenhaushalt lohnt es sich, diese Größe anzuschaffen. Kleine Mengen werden darin ebenfalls ohne Schaden gar, und man kann den Topf auch ohne Deckel für andere Zwecke verwenden. Töpfe mit nur 2–3 Liter Inhalt eignen sich vorzüglich als

Zweittöpfe. Die Schnellbratpfanne ist die ideale Ergänzung zum Schnellkochtopf und kann auch als kleinerer Zweit-Schnellkochtopf eingesetzt werden.

Es gibt im Handel mehrere Schnellkochtöpfe mit einem zu allen Modellen passenden Deckel. Mit diesen Angeboten kann ich mich nicht anfreunden. Falls mehrere Schnellkochtöpfe im Haushalt vorhanden sind, sollte man sie auch einsetzen und zwar gleichzeitig. Was nützt da ein einziger Deckel? Wenn man schon unter Zeitdruck steht, dann müssen nicht nur die Kartoffeln schnell gar werden, sondern auch Fleisch und Gemüse! Es sei denn, man ist Liebhaber des Menükochens (Seite 10).

Noch schnell ein Wort zum Material: Immer richtig und unverwüstlich sind die klassischen Modelle aus Edelstahl (Chromnickelstahl). Solche Töpfe verlangen wenig Pflege und bleiben viele Jahre schön. Bei Schnellkochtöpfen mit Dekor muß man bedenken, daß dieser eben auch modisch vergänglich ist. Emaillierte Stahltöpfe sind empfindlicher. Bei unsachgemäßer Behandlung können Emailteile absplittern. Leichtmetalltöpfe weisen die Vorteile extremer Wärmeleitfähigkeit, Energie-Ersparnis und geringen Gewichtes auf.

Schnellkochtopf oder Schnellbratpfanne

Hier heißt es nicht »entweder oder« – sondern beide! Meister des Schnellkochens haben es längst herausgefunden. Denn beide haben ihre Funktion und ihre besonderen Eigenschaften. Die vielseitig verwendbare Schnellbratpfanne ist eine Ergänzung und bietet beim Braten und Schmoren von Fleisch alle jene Vorteile, die man beim Schnellkochen von Gemüse, Eintöpfen oder größeren Portionen so sehr schätzt. Zahlreiche Versuche mit beiden Modellen haben unterschiedliche Resultate erbracht. Ein Gulasch wird beispielsweise in der Schnellbratpfanne schöner in der Farbe und die Sauce wird kräftiger als im Schnellkochtopf. Das liegt in erster Linie an der Möglichkeit, in der Schnellbratpfanne mit noch weniger Flüssigkeitszugabe zu garen, und sicher auch an der geringeren Höhe des Topfes. Zudem läßt sich das Kochgut in der Schnellbratpfanne vor dem Garen mühelos anbraten. Wasserhaltige Gemüse können darin fast ohne Flüssigkeitszugabe gedünstet werden.

Wann sind Einsätze wichtig?

Immer dann, wenn man Kochgut im Dampf garen will.

Ausnahme: Man möchte mit dem Einsatz nach dem Garen ein Stück Fleisch oder Beilagen aus dem Topf heben.

Eine wichtige Rolle spielen Einsätze beim Menükochen (Seite 10) oder beim Kochen im Wasserbad (Einsatzträger Seite 10).

Ungelochte Einsätze werden für Speisen empfohlen, denen Fett, Gewürze und wenig Flüssigkeit beizufügen sind.

Schnellkochgeräte-Übersicht

Asta

ASTA-System Fissler Schnellkochtöpfe gibt es in den Größen 4,5 und 6 Liter. Das Material ist erstklassige Stahlemailqualität mit verschiedensten Dekors. Einsätze erlauben die gleichzeitige Zubereitung mehrerer Gerichte in einem Topf. Der Deckel ist der bewährte Fissler-vitavit mit seinen 3 Pluspunkten (siehe dort).

Beka

Schnellkochtöpfe dieser Marke gibt es in zwei Techniken: den super-schnellkomat mit Programmwähler und den super-schnellko mit Sicherungsschalter. Das Material ist Edelstahl oder Stahl-Email, farbig schattiert, mit und ohne Dekor. BEKA-Schnellkochtöpfe entsprechen der DIN-Norm 66 065. Darüber hinaus verfügen sie noch über folgende wichtige Prüfzeichen: GS – geprüfte Sicherheit, RAL-Testat, DIN-geprüft.

electro-as

Die einfach zu bedienenden SILVINOX-Schnellkochtöpfe haben einen Inhalt von 4,5 beziehungsweise 6,5 Litern und sind aus massivem, rostfreiem Stahl 18/10 hergestellt. Ein aus drei Lagen gefertigter Thermoboden (inclusive einer Schicht von 5 mm-Reinaluminium) gewährleistet eine optimale Wärmeverteilung und spart so wertvolle Energie. Der Boden bleibt auch nach jahrelangem Gebrauch vollkommen eben. SILVINOX-Schnellkochtöpfe werden einer elektrochemischen Spezialbehandlung unterzogen, wodurch die Oberfläche stets silberweiß bleibt und beständig ist gegen alle Spülmittel. Für absolut gefahrloses Arbeiten sorgen sieben Sicherheitsvorkehrungen. Die Töpfe sind TÜV-geprüft und tragen das GS-Zeichen. Zwei Einsätze gehören zum Lieferumfang.

Fissler

vitavit-Schnellkochtöpfe gibt es mit 18, 22 und 26 cm Durchmesser in den Größen 2.5, 3.5, 4.5, 6, 8, und 10 Liter. Dazu die große Schnellbratpfanne in der praxisgerechten Größe mit 26 cm Durchmesser. Einige Größen für universelle Verwendung gibt es auch mit zusätzlichem Steckedeckel als Fissler vita-

vit plus und als Fissler Quattro-Pfanne. Material-Ausführungen: Edelstahl Rostfrei 18/10 mit superstarkem Thermicboden, schweres Stahlemail in leuchtenden Farben und energiesparendes Leichtmetall, außen glanzpoliert. Einsätze, ausführliche Gebrauchsanleitung und ein farbiges Rezeptbuch sind immer dabei. Vorteilhafte Merkmale dieser bewährten Erzeugnisse sind der handgerechte Fissler Sicherheitsgriff, die Fissler Unimatik für automatisch richtiges Ankochen und bequemes Öffnen des Topfes und das praktische Kochkrönchen: Wahlmöglichkeit für 2 Garstufen.

Kuhn/Rikon

Duromatic-Schnellkochtöpfe gibt es in Edelstahl 18/10 mit 22 cm Durchmesser in den Größen 3,5 und 7 Liter, mit 24 cm Durchmesser in den Größen 6 und 8 Liter sowie als Schnellbratpfanne mit 24 cm Durchmesser und 2 Liter Inhalt. Die Töpfe sind mit und ohne Dekor erhältlich. Einige Modelle zeigen auf dem Deckel eine praktische Kochzeitentabelle. Einsätze sind erhältlich. Duromatic-Schnellkochtöpfe bestechen durch einfachste Handhabung und sind mit der genialen schweizerischen Sicherheitsautomatik ausgerüstet. Zu dieser gehört das selbstreinigende Multiventil (Aromaschutz dank automatischer Entlüftung, optische und akustische Druckanzeige, dreistufige Überdrucksicherung, Abdampfen durch Fingerdruck).

Silit

Den Sicomatic-Schnellkochtopf gibt es mit 18 cm Durchmesser mit 1,8 beziehungsweise 2,6 Liter Inhalt sowie mit 22 cm Durchmesser in den Größen 3, 5, 7 und 9 Liter und als Schnellbratpfanne. Material: Edelstahl »Rostfrei« oder Silit-Email in vielen Farben und Dekoren. Der Sicomatic-S – das Sicoma-

tic-Spitzenmodell – ist der einzige Schnellkochtopf, dessen Ventilsystem durch eine
Schutzkappe abgedichtet ist. Dadurch ist die
zeitaufwendige Ventilreinigung nur in größeren Zeitabständen notwendig, denn die Koch-
stufenanzeige kann nicht verschmutzen oder
verstopfen. Durch das abgedichtete Ventilsystem tritt nicht dauernd Dampf aus, der Was-
serverlust während des Kochens ist also ganz
gering und ein Trockenkochen wird vermieden. Bequemste Handhabung durch den
einzigartigen Kochregler.

WMF

Den WMF-Schnelltopf »Extra« in den Größen 3, 4, 5 und 6 Liter gibt es in Cromargan-
Ausführung aus Edelstahl »rostfrei« 18/10
mit Super-Sandwich-Boden. Der WMF-Extra
verfügt ebenso wie der neue WMF-Super
über zwei Kochstufen und eine patentierte
Kochstufengroßanzeige. Der WMF-Schnelltopf Super 3 in den Größen 3, 5 und 7 Liter
bietet als einziger Schnellkochtopf drei exakt
regulierbare Kochstufen. Mit der dritten
Kochstufe können viele Gerichte noch schneller und energiesparender gegart werden. Den
WMF-Super 3 gibt es ebenso wie den WMF-
Super aus Edelstahl »rostfrei« 18/10 (Crom-
argan) und aus Stahlemail. Schließen, Abdampfen und Öffnen erfolgen mit dem praktischen Kochstufenregler im Griff.

Das Menükochen

Diese Schnellkochmethode ist bei Zeit- und
auch bei Platzmangel in der Küche (oder beim
Camping) sehr praktisch. Man benötigt dazu
außer einem relativ großen Schnellkochtopf

(2 Etagen mit 6 Liter, 3 Etagen mindestens
7 Liter) eine Einsatzgarnitur, bestehend aus
einem Einsatzträger, einem gelochten Einsatz
mit Füßen und einem ungelochten Einsatz.
Diese Garnitur läßt sich beliebig durch weitere
Einsätze ergänzen. Unterteilen kann man die
Einsätze noch mit kleinen feuerfesten Schalen
oder Tassen, ganz einfach auch mit Aluminiumfolie. Aber immer muß in jedes dieser Ge-
fäße etwas Wasser kommen, bevor man sie mit
Kochgut füllt.

Das Fehlen des Luftsauerstoffes im Schnellkochtopf verhindert eine Geruchsübertra-
gung. Deshalb kann man ohne weiteres Fleisch
oder Fisch, Kartoffeln und Gemüse, ja sogar
Obst zusammen auf verschiedenen Etagen garen. Differieren die Garzeiten der einzelnen
Nahrungsmittel um mehr als 4 Minuten, gibt
man das Kochgut zweckmäßig nacheinander in
den Topf. Das bedeutet ein- oder mehrmaliges
Unterbrechen des Kochprozesses. Ein gewis-
ser Ausgleich läßt sich erreichen, wenn man
das Kochgut entsprechend zerkleinert. Jedes
Unterbrechen kostet aber Zeit, und das ist mit
ein Grund, warum ich diese Methode nicht
sehr oft anwende. Ich ziehe mehrere Schnellkochtöpfe und eine Schnellbratpfanne, die
gleichzeitig eingesetzt werden, vor. Allerdings
spart man mit dem Menükochen noch mehr
Strom oder Gas.

Beim Menükochen geht man in der Regel so
vor: Zuerst auf dem Topfboden das Fleisch
anbraten oder anziehen lassen, Gewürze,
eventuell Zwiebeln und die Kochflüssigkeit für
die Dampfbildung zufügen. Es folgen die Kartoffeln und zuletzt das Gemüse auf den gelochten Einsätzen. Der ungelochte Einsatz eignet
sich für kleingeschnittenes Kochgut, Reis oder
ähnliches. Man kann aber auch einen gelochten Einsatz mit Aluminiumfolie auskleiden.

Garzeiten-Tabelle

Die Garzeiten können je nach Modell des Schnellkochtopfes und der Beschaffenheit des Kochgutes etwas unterschiedlich sein. Diese Tabelle enthält Mittelwerte, die jahrelangen Erfahrungen entsprechen. Bei sehr großen Differenzen, wie bei Spargel oder Kochfleisch sind die kürzesten sowie auch die längsten Kochzeiten angegeben.

Wenn nichts anderes vermerkt ist, beginnt die Garzeit, sobald der zweite Ring am Kochventil knapp sichtbar wird. Die Mengen haben auf die Garzeiten keinen Einfluß. Nur die Ankochzeiten verändern sich etwas.

* = nicht schnell abkühlen, sondern beiseite stellen, bis sich das Kochventil gesenkt hat.
E = Einsatz zu empfehlen (Seite 8).
◯ Schnellbratpfanne besonders geeignet.

		Garzeiten Minuten	Einsatz	Flüssigkeitsmenge
Suppen	* Bohnensuppe (eingeweicht)	20		im allgemeinen etwas weniger als beim Kochen im offenen Topf. Nie mehr als bis ³/₄ einfüllen. Bei zu kleinem Topf Konzentrat kochen und nachher verdünnen.
	* Erbsen-Linsensuppe (eingeweicht)	12–15		
	* Gemüsebrühe	10		
	Gemüsesuppe	5– 8		
	* Graupen/Gerstensuppe (nicht eingeweicht)	25–30		
	Gulaschsuppe	15–20		
	* Grieß-, Haferflockensuppe	4– 5		
	* Hühnersuppe (je nach Alter des Huhnes)	30–45		
	Ochsenschwanzsuppe	35		
	Kartoffelsuppe	6–10		
	* Reissuppe	6– 8		
	Zwiebelsuppe	4– 5		
Fisch	◯ Fischfilets, gedünstet im eigenen Saft	1–2		4–6 Eßlöffel

11

○ Fisch, in Scheiben geschnitten, gedünstet	1–2	4–6 Eßlöffel
Ganze Fische oder größere Stücke	2–3	E gelocht mit Sud bedecken
○ Ganze Fische im eigenen Saft	5–7	0–4 Eßlöffel
○ Ragout oder Gulasch	2–3	$^1/_8$ l

Fleisch (Schnellbratpfanne nur bis 800 g geeignet)

Rindfleisch	○ Braten (je nach Größe)	35–45	$^1/_8$ l –$^1/_4$ l
	○ Geschnetzeltes	6– 8	0–4 Eßlöffel
	○ Gulasch	20–25	$^1/_8$ l
	Kutteln (vorgekocht)	12–15	$^1/_4$ l
	○ Ochsenschwanzragout	30–35	$^1/_8$ l
	○ Ragout	20–25	$^1/_8$–$^1/_4$ l
	○ Rouladen	10–14	6 Eßlöffel
	○ Rumpsteak in Scheiben	8–12	2–4 Eßlöffel
	Sauerbraten	35–40	$^1/_4$ l
	* Suppenfleisch	35–45	E gelocht nach Belieben
	* Zunge	45–60	E gelocht mit Wasser bedecken
Schweine-fleisch	○ Braten (je nach Größe)	20–30	$^1/_8$–$^1/_4$ l
	○ Geschnetzeltes	5– 7	0–4 Eßlöffel
	○ Gulasch	18–22	$^1/_8$ l
	* Eisbein (Wädli), geräuchert	25–30	E gelocht mit Wasser bedecken
	○ Ragout	18–22	$^1/_8$–$^1/_4$ l
	○ Koteletts	6– 8	0–4 Eßlöffel
	* Rippchen, geräuchert, am Stück	15–20	E gelocht mit Wasser bedecken
	○ Rouladen	8–10	4–6 Eßlöffel
	* Speck, geräuchert	17–19	E gelocht mit Wasser bedecken
Kalbfleisch	○ Braten (je nach Größe)	25–30	$^1/_8$–$^1/_4$ l

	○ Geschnetzeltes	3– 5		0–4 Eßlöffel
	○ Gulasch	20–22		$^1/_8$ l
	○ Haxe in Scheiben	15–20		4 Eßlöffel – $^1/_8$ l
	Haxe im Stück	25–30		$^1/_8$ l
	○ Herzragout	15–18		$^1/_8$ l
	* Kopf	15–20	E gelocht	mit Wasser bedecken
	○ Koteletts	6– 8		0–4 Eßlöffel
	○ Ragout	15–23		$^1/_8$–$^1/_4$ l
	* Zunge	15–20	E gelocht	mit Wasser bedecken
Lamm und Hammel	○ Lammbraten	25–30		4 Eßlöffel–$^1/_8$ l
	○ Hammelbraten (Schaf)	25–35		$^1/_8$ l
	○ Lammragout	20–25		$^1/_8$–$^1/_4$ l
	○ Lammkoteletts	3– 4		0–4 Eßlöffel
Hackfleisch	○ Hackbraten	10–15		$^1/_8$–$^1/_4$ l
	○ Hackbeefsteaks	5– 7		4 Eßlöffel–$^1/_8$ l
	* Terrinen (Pasteten im Wasserbad)	35–40	E mit Füßchen	Wasser bis zum Siebeinsatz
Geflügel	○ Geflügelteile	6– 8		4 Eßlöffel–$^1/_8$ l
	Hähnchen, ganz	15–20	E	$^1/_8$ l
	Huhn, ganz (Poularde)	16–20	E gelocht	$^1/_8$–$^1/_4$ l
	* Huhn, ganz (Suppenhuhn)	30–45	E gelocht	mit Wasser bedecken
	○ Truthahn, Rollbraten	18–25		$^1/_8$–$^1/_4$ l
	○ Truthahn, Ragout	6–10		$^1/_8$–$^1/_4$ l
	○ Truthahn, Schnitzel	2– 3		4 Eßlöffel – $^1/_8$ l
Wild	○ Hasenbraten	15–20		$^1/_8$ l
	○ Hasenrücken (halbieren)	10–12		3–6 Eßlöffel
	○ Hirschmedaillons	2		0–3 Eßlöffel

	Hirschbraten	25–30		$^1/_8$ l
	◯ Hirschgulasch	15–20		$^1/_8$–$^1/_4$ l
	◯ Reh-, Hasen-, Hirsch-, Wildschweinpfeffer	15–18		$^1/_8$–$^1/_4$ l
	Rebhühner	12–20		3–6 Eßlöffel
	Fasan	12–15		3–6 Eßlöffel
Gemüse,	Artischocken	8–12	E gelocht	$^1/_4$ l
Kartoffeln	◯ Auberginen (Eierfrüchte)	1– 2		0–3 Eßlöffel
	Blumenkohl	3– 5	E gelocht	$^1/_4$ l
	Bohnen, grüne	7–10	E gelocht	$^1/_4$ l
	◯ Chicorée (Brüsseler Endivien)	3		$^1/_8$ l
	Erbsen, grüne	2– 4	E	$^1/_8$ l
	Fenchel	5– 8	E gelocht	$^1/_8$ l
	Grünkohl, Rotkohl	8–10	E gelocht	$^1/_8$ l
	◯ Gurken	1– 2		0–3 Eßlöffel
	Karotten	5– 8	E gelocht	$^1/_8$ l
	Kartoffeln, in Stücken	4– 5	E gelocht	$^1/_4$ l
	* Kartoffeln in der Schale	6–10	E gelocht	$^1/_8$–$^1/_4$ l
	◯ Kartoffelscheiben, roh, gedünstet (Schnellbratpfanne)	10–12		0–3 Eßlöffel
	Kartoffelklöße, gekocht	3– 5	E gelocht	$^1/_4$ l
	Kartoffelklöße, roh	7– 9	E gelocht	$^1/_4$ l
	Kohlrabi	4– 5	E gelocht	$^1/_4$ l
	Kohlrouladen/Krautwickel	8–10	E gelocht	$^1/_8$–$^1/_4$ l
	Maiskolben (Süßmais)	5– 6	E gelocht	$^1/_4$ l
	◯ Paprikaschoten, Peperoni	3– 4		3 Eßlöffel
	Porree/Lauch	3– 4	E gelocht	$^1/_8$ l
	◯ Pilze	3– 5		0–3 Eßlöffel
	Rosenkohl	3– 5	E gelocht	$^1/_8$ l

		eingeweicht	nicht eingeweicht		
	Rote Rüben/Bete		15–25	E gelocht	$^1/_8$–$^1/_4$ l
	Sauerkraut		15–20		$^1/_4$ l
	Schwarzwurzeln		10–15	E gelocht	$^1/_8$ l
	Sellerie, in Scheiben		4– 6	E gelocht	$^1/_4$ l
	Spargel		5–10	E gelocht	$^1/_2$ l
	○ Spinat		1– 3		0–3 Eßlöffel
	○ Tomaten		1– 2		0–3 Eßlöffel
	Wirsing		5– 7	E gelocht	$^1/_8$ l
	Zwiebeln, ganze		6–10	E gelocht	$^1/_8$ l
Hülsenfrüchte,	* Bohnen weiße	6–8	20–25	E gelocht	mit Wasser bedeckt
Reis,	* Erbsen	6–8	18–22	E	mit Wasser bedeckt
Teigwaren	* Graupen/Gerste		20–30	E	mit Wasser bedeckt
	* Linsen	6–8	10–12	E	mit Wasser bedeckt
	Mais (Polenta)		5–6		1 : 2
	Haferflocken		5–6		1 : 2
	Milchreis (Rundkornreis)		7–9		1 : 3
	Nudeln und andere Teigwaren		4–8	E gelocht	1 : 10
	Reis (körnig gekocht)		6		1 : 2
	Risotto (ital. Sorte)		6–7		1 : 2
Obst (Kompott)	Backobst/Dörrobst, vorgeweicht		1–5	E gelocht	$^1/_4$ l
	Kernobst (in Schnitzen)		2–4	E gelocht	$^1/_8$ l
	Steinobst		0–2	E gelocht	$^1/_8$ l
	Kastanien		10–12	E gelocht	$^1/_8$ l
Süßspeisen	* Pudding (im Wasserbad), je nach Größe der Form		10–25	E mit Füßchen	Wasser bis zum Siebeinsatz

○ Schnellbratpfanne besonders geeignet
* Topf nicht abkühlen, Ventil absinken lassen, E = Einsatz zu empfehlen

Schnellkochen und Tiefkühlkost

Sicher zu wenig bekannt ist, daß der Schnellkochtopf auch bei der Zubereitung von Tiefkühlkost gute Dienste leistet. Meistens wählt man Tiefkühlprodukte oder -gerichte, wenn die Zeit knapp ist oder wenn unerwartet Besuch kommt. Leider entsprechen die Auftau- oder Zubereitungszeiten aber dann nicht den Blitzmenüs, die man daraus bereiten möchte. Hier das Wichtigste zu diesem Thema:

Fertiggerichte im Polyäthylenbeutel (Kochbeutel):

Den Schnellkochtopf halbhoch mit Wasser füllen. Zum Kochen bringen, die gut verschweißten Beutel hineingeben, den Topf schließen und das Gericht in einem Drittel der angegebenen Zubereitungszeit erwärmen.

Fertiggerichte in Aluschalen

Ravioli, Fischfilets (Schlemmerfilets mit Saucen), Cannelloni oder andere Saucenfertiggerichte aus der Verpackung nehmen und verkehrt mit wenig Butter in die Schnellbratpfanne legen. Die Pfanne schließen, bei milder Hitze langsam erwärmen. 8–10 Minuten unter Druck schmoren lassen. Bereits panierte Fischfilets oder Fischstäbchen sind nach 1–2 Minuten servierbereit!

Im Block gefrorenes Gemüse

Zum Beispiel Spinat ohne Flüssigkeit in die Schnellbratpfanne legen, den Topf schließen, langsam erwärmen und ungefähr 6 Minuten schmoren.

Lose gefrorene(s) Gemüse und Früchte

Meistens braucht tiefgekühltes Gemüse weniger lange Garzeiten als Frischgemüse, weil es vor dem Einfrieren kurz vorgekocht wurde (siehe Garzeitentabelle Seite 11 ff.). Wichtig ist aber, daß das Gemüse vor dem Verschließen des Topfes nicht mehr zusammenklebt, wie beispielsweise oft Rosenkohl oder Bohnen; nur dann kann Gemüse gleichmäßig und schneller garen.

Fleisch und Geflügel

● Große Fleischstücke und ganzes Geflügel vor dem Braten und Kochen auftauen lassen. Eine Ausnahme bildet das Suppenhuhn, das nur so weit aufgetaut wird, bis sich das im Bauch befindliche Päckchen mit den Innereien leicht herausnehmen läßt.

● Geflügelteile (Brust oder Schenkel) läßt man am besten fast ganz auftauen.

● Schnitzel, Koteletts oder andere kleinere Fleischstücke können in gefrorenem Zustand gebraten oder gegart werden.

Fische und Meeresfrüchte

● Fischfilets werden so lange aufgetaut, bis sich die einzelnen Filets voneinander trennen lassen.

● Ganze Fische und größere Fischstücke sollte man vor dem Garen auftauen, mit Ausnahme von kleineren Forellen oder Felchen, die im Sud zubereitet werden.

● Meeresfrüchte wie Scampi, Krabben oder Shrimps werden zarter, wenn man sie vor dem Garen ganz auftauen läßt.

Einmachen, Entsaften, Sterilisieren

Hier gilt bereits Gesagtes: Obst- und Gemüsesäfte, Marmeladen und Kompottfrüchte werden im Nu zubereitet, wobei Vitamine, Farbe sowie Eigengeschmack besonders gut erhalten bleiben. Hier einige Kurztips:

Marmeladen und Konfitüren

Früchte wie üblich vorbereiten, je nach Sorte mit $3/8$–$1/2$ l Wasser und Zucker im Schnellkochtopf aufkochen, den Topf schließen und je nach Art der Früchte 5–10 Minuten garen. Den Topf öffnen. Inhalt bei starker Hitze unter Rühren zur gewünschten Dicke einkochen. Nach Belieben – besonders bei Früchten, die schlecht gelieren – ein Geliermittel beigeben.

Obstsäfte

Zum Entsaften im Schnellkochtopf eignen sich vor allem Erdbeeren, Himbeeren, Brombeeren, Heidelbeeren, Johannisbeeren, Kirschen, Holunder und Trauben. Die Säfte werden teilweise mittels eines Zusatzgerätes im Schnell-

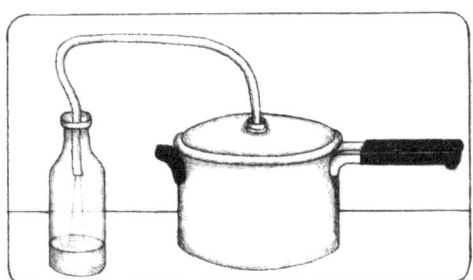

Der Schlauch zum Entsaften wird durch die Ventilöffnung geführt.

kochtopf hergestellt. Ganz tüchtige »Schnellköchinnen« entsaften darin auch andere Obstsorten und sogar Gemüse. Eine ausführliche Gebrauchsanweisung liegt jedem Entsafter bei. Man braucht dazu aber mindestens einen 5-Liter-Topf oder nach Möglichkeit ein noch größeres Modell (siehe Zeichnung).

Heißeinfüllen und Sterilisieren

Beim Heißeinfüllen werden die Früchte ganz kurz im Schnellkochtopf mit wenig Zucker gegart, dann in saubere vorgewärmte Gläser mit Bügelverschluß eingefüllt, sofort verschlossen und vor Durchzug geschützt (in Decken eingehüllt) langsam abgekühlt. Diese Fruchtkonserven sind bis zu einem Jahr haltbar.

Beim Sterilisieren bereitet man das Einmachgut wie üblich vor. Die Gläser mit einwandfreiem Gummiring und Deckel verschließen und auf den leicht erhöhten Einsatz in den Schnellkochtopf stellen. Nur bis zur Höhe des Einsatzes Wasser einfüllen. Den Topf schließen. Sobald der zweite Ring am Kochventil sichtbar wird, in einem Viertel der angegebenen normalen Zeit sterilisieren. Dann den Topf von der Herdplatte wegziehen und erst öffnen, wenn sich das Ventil gesenkt hat. Zum Sterilisieren benötigt man einen großen Schnellkochtopf von 6, 7 oder 8 Liter.

Übrigens lassen sich auch Säuglingsflaschen und andere Geräte im Schnellkochtopf sterilisieren: Die Gegenstände auf den gelochten Einsatz legen, mit einer Tasse Wasser in den Topf geben und mindestens 20 Minuten sterilisieren.

Vor dem Start zu lesen

Der angegebene Zeitaufwand entspricht der Arbeitsweise einer Durchschnittshausfrau. Die Ankochzeiten sind in diesen Garzeiten nicht inbegriffen, sondern wurden bei den Zubereitungszeiten berücksichtigt. Die Symbole, die jeweils die Rezepte begleiten, haben folgende Bedeutung:

   wird im Schnellkochtopf zubereitet

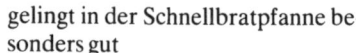   gelingt in der Schnellbratpfanne besonders gut

Alle Rezepte sind in drei Phasen aufgeteilt.

Bei offenem Topf oder offener Pfanne:
Hier werden alle Vor- und Zubereitungsarbeiten beschrieben, die vor dem eigentlichen Schnellkochen auszuführen sind.

Bei geschlossenem Topf oder geschlossener Pfanne:
Hier wird gesagt, was vom Schließen des Schnellkochtopfes oder der Schnellbratpfanne bis zum Öffnen wichtig ist. Wenn nötig, finden Sie Angaben über die richtige Ventilstellung und über die geeignete Abkühlung des Topfes: Abkühlen oder langsam Absinken lassen. In Einzelfällen wird auf das Unterbrechen des Kochprozesses oder auf ergänzende Vorbereitungen, die während des Garens erfolgen können, hingewiesen.

Nach dem Öffnen:
Hier wird beschrieben, wie das Gericht den letzten »Schliff« bekommt und wie man es anrichtet.

Hier noch einige Beispiele für das Menükochen (siehe Seite 10), teilweise zusammengestellt aus den Rezepten dieses Buches:

		Garzeiten
Schweinsragout mit		
Kohlrabi (Seite 32)	Topfboden	18 Minuten
Kartoffeln	gelochter Einsatz	7 Minuten
	Totale Garzeit	25 Minuten
Lamm nach Burgunder		
Art (Seite 38)	Topfboden	15 Minuten
Rosenkohl	ungelochter Einsatz	5 Minuten
Kartoffeln	gelochter Einsatz	
	Totale Garzeit	20 Minuten
Rindszunge		
(Seite 34)	Topfboden	40–55 Minuten
Karotten	gelochter Einsatz	6 Minuten
Reis (Seite 62)	ungelochter Einsatz	
	Totale Garzeit	46–61 Minuten
Fischcurry nach indischer Art		
(Seite 28)	Topfboden	4 Minuten
Reis (Seite 62)	ungelochter Einsatz	6 Minuten
	Totale Garzeit	10 Minuten

Anpassung an die verschiedenen Topfsysteme:
Dieses Buch gibt allgemeine Ratschläge für viele im Handel befindliche Schnellkochtöpfe. Abweichungen in der Handhabung sind aus den entsprechenden Gebrauchsanweisungen ersichtlich und betreffen nur den technischen Teil in der Anwendung. Sie beziehen sich vor allem auf die Öffnungsmethode sowie auf Unterschiede beim Kochventil!

Suppen, die schmecken

Beim Suppenkochen zeigt sich der Schnellkochtopf von seiner besten Seite. Sei es eine Fleischsuppe, die besonders lang gekocht werden sollte, eine deftige Bohnensuppe oder eine delikate Spezialität, immer wird das Resultat schmackhaft sein. Als Meisterin in der Kunst des Schnellkochens kann man natürlich diese Wirkung mit kleinen Tricks noch erhöhen – wie, verrate ich Ihnen auf den folgenden Seiten. Zum Beispiel werden bei Gemüse- oder auch anderen Suppen die Zwiebeln und je nach Rezept auch der Lauch oder das Suppengrün zuerst in wenig Butter im offenen Topf leicht angedünstet. Oder man verfeinert die Suppe am Schluß der Garzeit je nach Rezept mit einem oder zwei Eßlöffeln Sahne, wenig Reibkäse, viel frischgehackten Kräutern und, wenn eine delikat gebundene Suppe gewünscht wird, mit einem Eigelb. Aber auch besonders kalorienarme Suppen gelingen im Schnellkochtopf vorzüglich. Sie werden gehaltvoll und benötigen dank der aromaschonenden Kochmethode wenig Salz. Besonders zu beachten:

● Den Topf beim Suppenkochen nie mehr als bis zu drei Viertel füllen, alle Zutaten inbegriffen. Es ist unnötig, mehr Flüssigkeit zuzugeben. Eine Suppe läßt sich auch nach dem Kochen noch etwas strecken.

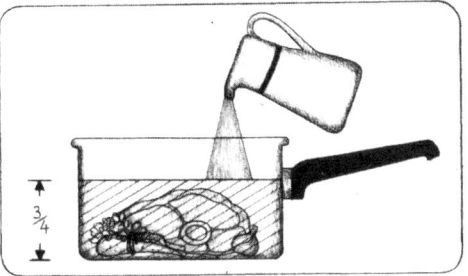

Schnellkochtopf und Schnellbratpfanne nie mehr als 3/4 hoch füllen!

● Beim Suppenkochen das Ventil besonders gut beobachten und die Heizquelle kleinstellen, bevor der Druckanzeiger den zweiten Ring erreicht hat.

● Bei der Suppenzubereitung darf der Schnellkochtopf nicht unter fließendem kaltem Wasser abgekühlt werden, sonst riskiert man, daß ein Teil der Suppe vor dem Öffnen des Deckels austritt. Deshalb den Topf vom Herd nehmen und warten, bis sich das Kochventil von selbst gesenkt hat. Erst dann den Deckel abheben.

● Wenn Gemüse oder Zutaten mit verschieden langen Kochzeiten in die Suppe gehören, gilt die längste Kochzeit als Richtlinie. Man kann auch die einzelnen Zutaten je nach Garzeit kleiner oder größer schneiden oder aber, was noch besser ist, nacheinander zugeben; dann muß allerdings der Kochprozeß entsprechend oft unterbrochen werden.

Fleischbrühe

500 g grob zerhackte Rinderknochen
300 g Ochsenschwanz · 1 ungeschälte Zwiebel
1 Lorbeerblatt · 2 Gewürznelken
1 Zweig Selleriekraut · 1 Karotte/Möhre
1 Stück Kohl, Wirsing oder 1 Kohlrabi
¹/₂ Stange Lauch/Porree · Salz, Pfeffer
1 Prise geriebene Muskatnuß
Pro Person etwa 120 Kalorien (505 Joule)

● Zubereitungszeit: 5 Minuten. Garzeit: 30 Minuten.

Bei offenem Topf: Die Rinderknochen und den Ochsenschwanz auf den Siebeinsatz legen, mit 1 l kaltem Wasser in den Topf geben und

Suppen, die schmecken

aufkochen lassen. Zwei- bis dreimal abschäumen. • Dann die ungeschälte, mit dem Lorbeerblatt und den Nelken gespickte Zwiebel
und das gewaschene und geputzte Gemüse zugeben. Den Topf schließen.

Bei geschlossenem Topf: 30–40 Minuten kochen. • Den Topf vom Herd nehmen. Das
Ventil absinken lassen.

Nach dem Öffnen: Die Brühe durch ein feines
Sieb gießen und wieder in den Topf zurückgeben. • Mit Salz, Pfeffer und Muskatnuß gut
würzen und nochmals aufkochen lassen.

> **Mein Tip** Natürlich kann man in
> dieser Brühe Suppenfleisch mitko-
> chen. Die Suppe wird besser, wenn Sie
> es mit kaltem Wasser aufsetzen. Will
> man das Fleisch jedoch möglichst saf-
> tig servieren, dann sollte es erst zu-
> sammen mit der Zwiebel und dem
> Gemüse der siedenden Flüssigkeit
> beigegeben werden.

Hühnerbrühe

1 Suppenhuhn oder Fleisch von Geflügelteilen
Magen, Hals, Herz und Leber des Huhnes
300 g Rinderknochen (nach Belieben)
1 Stange Lauch/Porree · 1 Karotte/Möhre
1 ungeschälte Zwiebel · 1 Lorbeerblatt
2 Gewürznelken · ⅛ l Weißwein
Salz, weißer Pfeffer, geriebene Muskatnuß
Pro Person etwa 140 Kalorien (585 Joule)

● Zubereitungszeit: 5 Minuten. Garzeit:
30–40 Minuten. (Bei Verwendung von Geflügelteilen 20–30 Minuten.)

Bei offenem Topf: Das Huhn, den Hals und
die Innereien gut waschen. • Mit den Rinderknochen in den Siebeinsatz geben. 1 l Wasser
zugießen, aufkochen und zwei- bis dreimal abschäumen. • Den gewaschenen Lauch, die
geschabte Karotte, die ungeschälte, mit dem
Lorbeerblatt und den Nelken gespickte Zwiebel und den Wein zufügen. Leicht salzen. Den
Topf schließen.

Bei geschlossenem Topf: Die Suppe 30–40
Minuten kochen. Den Topf vom Herd nehmen. • Das Ventil ganz absinken lassen, dann
erst den Topf öffnen.

Nach dem Öffnen: Das Suppenhuhn herausnehmen und die Brühe passieren. Wieder in
den Topf geben, nach Belieben mit etwas Wasser verdünnen und bei starker Hitze aufkochen
lassen. Wenn nötig nochmals abschäumen. •
Mit Salz, Pfeffer und Muskatnuß nachwürzen.

Gemüsebrühe

750 g gemischtes Gemüse wie Lauch/Porree,
Sellerieknolle, Karotten/Möhren, Kohl,
Wirsing, Kohlrabi, Fenchel, Spinat
1 gestrichener Eßl. Butter
1 ungeschälte Zwiebel
1 Zweig Petersilie
1 Eßl. gemischte frische Kräuter wie Majoran,
Thymian, Kerbel, Basilikum
Salz
Pro Person etwa 10 Kalorien (40 Joule)

● Zubereitungszeit: 10 Minuten. Garzeit: 8 Minuten.

Bei offenem Topf: Das Gemüse, außer der Zwiebel, waschen, putzen und grobhacken. In den Topf geben und 2–3 Minuten in der Butter dünsten. • Die ungeschälte Zwiebel, die Petersilie und die übrigen Kräuter zufügen. 1 l Wasser dazugießen. Den Topf schließen.

Bei geschlossenem Topf: 8 Minuten kochen. • Den Topf vom Herd nehmen. Das Ventil absinken lassen.

Nach dem Öffnen: Die Brühe durch ein Sieb gießen und je nach Verwendung mit wenig Wasser verdünnen, salzen oder mit gekörnter Gemüsebrühe (Würfel) etwas nachwürzen.

> **Mein Tip** Wenn eine fettfreie Brühe gewünscht wird, die Butter weglassen. Für Diätkost das Salz durch Diätsalz ersetzen.

Geflügelcremesuppe

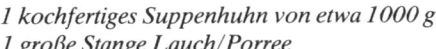

Bild Seite 36

1 kochfertiges Suppenhuhn von etwa 1000 g
1 große Stange Lauch/Porree
2 große Karotten/Möhren · 1 Stück Sellerie
1 Zwiebel · 1 Lorbeerblatt
2 Gewürznelken · 5 Pfefferkörner
1 l Wasser · 1 Fleischbrühwürfel
2 Eßl. Butter · 1½ Eßl. Mehl · ⅛ l Sahne
1–2 Eigelbe · eventuell Salz
Pro Person etwa 780 Kalorien (3265 Joule)

● Zubereitungszeit: 50 Minuten. Garzeit: 30–40 Minuten.

Bei offenem Topf: Das Huhn innen und außen gut waschen. Den Lauch, die Karotten und das Selleriestück putzen beziehungsweise schälen, waschen und in große Stücke schneiden. Die ungeschälte Zwiebel halbieren und das Lorbeerblatt mit den Nelken daran feststecken. • Das Huhn im Siebeinsatz in den Schnellkochtopf geben. Das Wasser zugießen, aufkochen und zwei- bis dreimal abschäumen. • Das Gemüse, die Zwiebelhälften, die Pfefferkörner und den Brühwürfel zufügen. Den Topf schließen.

Bei geschlossenem Topf: Das Huhn 30–40 Minuten kochen. Vom Herd nehmen. Öffnen, wenn das Ventil ganz abgesunken ist.

Nach dem Öffnen: Das Huhn herausnehmen. Das Fleisch von Haut und Knochen befreien und in mundgerechte Stücke schneiden. Die Karotten und den Lauch ebenfalls in Stücke schneiden. In einem anderen Topf die Butter erhitzen, das Mehl einstäuben und mit der durchgesiebten Hühnerbrühe ablöschen. Vom Herd nehmen. Die Sahne und die Eigelbe unterrühren, nach Belieben salzen. Das Fleisch und das Gemüse in die Brühe geben. Die Suppe wieder heiß werden lassen, aber nicht mehr kochen.

> **Mein Tip** Besonders fein schmeckt die Suppe, wenn Sie eine Poularde verwenden, die tiefgefroren recht preiswert zu haben ist (vor dem Kochen auftauen). Das Fleisch ist zarter, die Brühe wird weniger fett.

Grüne Kartoffelsuppe

1 Zwiebel · 2 Stangen Lauch/Porree
1 gestrichener Eßl. Butter · 750 g Kartoffeln
1 l Fleischbrühe · Salz, Pfeffer, geriebene Muskatnuß · 2 Eßl. saure Sahne/Sauerrahm
¹/₂ Teel. Speisestärke · 100 g Kresse
Pro Person etwa 270 Kalorien (1120 Joule)

● Zubereitungszeit: 15 Minuten. Garzeit: 6 Minuten.

Bei offenem Topf: Die Zwiebel schälen und hacken. Den Lauch waschen und in Scheibchen schneiden. Beides in der Butter 1–2 Minuten anbraten. • Die geschälten, in Stücke geschnittenen Kartoffeln und die Fleischbrühe zugeben. Mit wenig Salz, Pfeffer und Muskatnuß würzen. Den Topf schließen.

Bei geschlossenem Topf: 6 Minuten kochen. Dann den Topf vom Herd nehmen, das Ventil absinken lassen und öffnen.

Nach dem Öffnen: Die Suppe durch das Passiersieb streichen, nochmals in den Topf geben. Wenn nötig mit etwas Wasser oder Fleischbrühe verdünnen. • Die saure Sahne mit der Speisestärke verrühren. Zur Suppe geben. Unter Rühren erwärmen. Die Suppe eventuell noch ein wenig nachwürzen. Zuletzt die feingehackte Kresse beifügen.

Mein Tip Man kann statt der Kresse auch gehackte Kräuter oder gehackten Spinat zugeben.

Mexikanische Karottensuppe

1 Zwiebel · 2 Knoblauchzehen
1 gestrichener Eßl. Butter · 500 g Karotten/ Möhren
1 l Fleischbrühe · Salz, weißer Pfeffer
1 Prise Cayennepfeffer · 1 Prise Zucker
4 Eßl. Sahne/Rahm · 2 Eßl. gehackte Petersilie
Pro Person etwa 160 Kalorien (665 Joule)

● Zubereitungszeit: 20 Minuten. Garzeit: 8 Minuten.

Bei offenem Topf: Die Zwiebel schälen und feinhacken. Zusammen mit den durchgepreßten Knoblauchzehen in der Butter leicht anbraten, ohne Farbe annehmen zu lassen. • Die Karotten schälen, waschen, in dünne Scheiben schneiden und mit der Fleischbrühe zugeben. Den Topf schließen.

Bei geschlossenem Topf: 8 Minuten kochen. • Den Topf vom Herd nehmen. Das Kochventil absinken lassen. Den Topf öffnen.

Nach dem Öffnen: Die Suppe durch das Passiersieb streichen. Wieder in den Topf geben. • Mit Salz, Pfeffer, dem Cayennepfeffer und dem Zucker pikant würzen. Mit der Sahne verfeinern, langsam aufkochen und unter Rühren etwas eindicken lassen. • In Suppentassen anrichten und mit der Petersilie bestreuen.

Mein Tip Diese Suppe kann auch gekühlt serviert werden.

Minestra

Bild Seite 26

3 Tomaten · ¹/₂ junge Sellerieknolle und
etwas Selleriegrün oder 2 Stangen
Staudensellerie/Bleichsellerie
¹/₂ rote Paprikaschote · 1 Karotte/Möhre
1 Zwiebel oder 2 Frühlingszwiebeln
2 kleine Zucchini · 1 Kartoffel
1–2 Knoblauchzehen · Salz · 2 Eßl. Olivenöl
50 g durchwachsener Speck · 3 Eßl. Reis
1¹/₂ l heiße Fleischbrühe
1 Tasse enthülste Erbsen, ersatzweise tiefge-
froren
2 Eßl. gehackte Petersilie
geriebener Parmesankäse
Pro Person etwa 325 Kalorien (1360 Joule)

● Zubereitungszeit: 25 Minuten. Garzeit:
6 Minuten.

Bei offenem Topf: Die Tomaten an der Oberfläche einritzen, brühen, häuten und kleinschneiden. Das übrige Gemüse und die Kartoffel putzen, wenn nötig, schälen und ebenfalls kleinschneiden. Die Knoblauchzehen
schälen, hacken und mit etwas Salz zerdrük-
ken. • Das Öl im Schnellkochtopf erhitzen.
Den Speck würfeln und im Öl ausbraten. Den
Reis zufügen, umrühren und mit der Fleischbrühe aufgießen. Alles geschnittene Gemüse,
die Kartoffel und den Knoblauch zufügen.
Den Topf schließen.

Bei geschlossenem Topf: Die Suppe 6 Minuten kochen lassen. Vom Herd nehmen. Öffnen, wenn das Ventil sich gesenkt hat.

Nach dem Öffnen: Die Erbsen und die Petersilie in die Suppe geben und 3–4 Minuten kochen, dabei den Deckel locker auflegen. Die
Suppe mit Parmesankäse bestreut servieren.

Russische Sauerkrautsuppe

30 g getrocknete Steinpilze · 2 Zwiebeln
2 gestrichene Eßl. Butter · 1 Karotte/Möhre
1 Stange Lauch/Porree · 1 Zweig Petersilie
4 Zweige Selleriekraut · 400 g Sauerkraut
³/₄ l Fleischbrühe · 1 gestrichener Eßl. Mehl
¹/₈ l Sahne/Rahm · Salz, Pfeffer
Pro Person etwa 235 Kalorien (980 Joule)

● Zubereitungszeit: 15 Minuten. Garzeit:
15 Minuten.

Bei offenem Topf: Die Steinpilze 15 Minuten
in ¹/₈ l kaltes Wasser legen. • Die Zwiebeln
schälen, feinhacken und in 1 Eßlöffel Butter
1–2 Minuten braten. • Die geschabte, geraspel-
te Karotte, den gewaschenen, kleingeschnittenen Lauch, die Petersilie und die Selleriezwei-
ge zufügen. Kurze Zeit mitbraten. • Das gut
ausgedrückte Sauerkraut und die Steinpilze
mit dem gesiebten Einlegewasser zufügen. Mit
der Fleischbrühe auffüllen. Den Topf
schließen.

Bei geschlossenem Topf: 30 Minuten kochen. •
Das Mehl und die restliche Butter mit einer
Gabel zu einer Kugel verkneten. • Den Topf
vom Herd nehmen. Öffnen, sobald sich das
Ventil gesenkt hat.

Nach dem Öffnen: Die Mehlbutter in die
Suppe geben. Nochmals langsam unter Rühren erwärmen, bis die Suppe leicht gebunden
ist. Die Sahne zufügen und vorsichtig mit Salz
und Pfeffer nachwürzen.

Fisch nach feiner Art

Allein wegen der Garzeiten könnte für die Fischzubereitung auf den Schnellkochtopf verzichtet werden. Hier sind andere Vorteile dieser Kochmethode ausschlaggebend. Zum Beispiel der unbeliebte Fischgeruch in der Wohnung, der beim konventionellen Fischbereiten fast nicht zu verhüten ist! Im Schnellkochtopf oder in der Schnellbratpfanne garen die Fische, ohne empfindliche Nasen allzusehr zu stören. Im Schnellkochtopf läßt sich aber auch im Handumdrehen ein herrlicher, stark konzentrierter Sud zubereiten, der dann beim Garen dem Fisch die richtige Würze gibt. Fischsuppen werden auf diese Art besonders kräftig. In der Schnellbratpfanne lassen sich delikate Fische fast ohne Zugabe von Flüssigkeit dünsten, schmoren oder braten. Daß sie dadurch ausnehmend schmackhaft gelingen, ist ein kleines Küchengeheimnis, das routinierten Schnellkoch-Spezialisten viel Lob einbringt. Dieser Erfolg ist leicht verständlich. Dank der schonenden Garmethode bleiben die wertvollen Nähr- und Aromastoffe erhalten, und die Fische werden nicht ausgelaugt. Auch tiefgekühlte, pfannenfertige Fischfilets oder -scheiben sind auf diese Art in einigen Minuten gar, ohne daß sie vorher aufgetaut werden müssen.

Besonders zu beachten:
● Für das Kochen größerer Fischstücke im Sud den Siebeinsatz oder noch besser den Drahtkorb (Sonderzubehör) in den Schnellkochtopf einsetzen. So lassen sich die Fische nach dem Garen schonend herausheben.
● Kleinere ganze Fische oder Fischfilets bekommen in der Schnellbratpfanne eine goldbraune Farbe, wenn man sie vorher in gesalzene Milch taucht und vor dem Braten im Mehl wendet. Dann von einer Seite in der Pfanne anbraten, wenden und die Pfanne schließen. Allerdings können – wie übrigens auch in einer normalen Bratpfanne – nur so viele Fische auf einmal gebraten werden, wie darin nebeneinander Platz haben.
● Sollte der Fischgeruch aus dem Topf nicht ganz verschwinden, genügt es, wenn man ihn mit Essigwasser kurz auskocht.

Kabeljau in Apfelwein

2 gestrichene Eßl. Butter
4 Scheiben Kabeljau zu je 200 g · 1 Zwiebel
1/8 l Apfelwein · Salz, weißer Pfeffer
1 gestrichener Teel. Speisestärke
2–3 Spritzer Worcestersauce · 1 Prise Cayennepfeffer
Pro Person etwa 220 Kalorien (930 Joule)

● Zubereitungszeit: 10 Minuten. Garzeit: 2 Minuten.

Bei offenem Topf: Die Butter im Schnellkochtopf erhitzen. Die Kabeljauscheiben hineingeben und von beiden Seiten leicht anziehen lassen. • Die Zwiebel schälen, feinhacken und beifügen. 1–2 Minuten mitbraten, dann mit dem Apfelwein ablöschen. Mit Salz und Pfeffer würzen und den Topf schließen.

Bei geschlossenem Topf: 2 Minuten garen. • Den Topf sofort unter kaltem Wasser abkühlen, dann öffnen.

Nach dem Öffnen: Den Fisch aus dem Sud heben und auf eine vorgewärmte Platte legen. Die Kochflüssigkeit bei starker Hitze bis auf die Hälfte einkochen lassen. Die Speisestärke mit 1–2 Teelöffeln der Flüssigkeit verrühren.

Zum Bild auf Seite 25: Die Zubereitung des Szegediner Gulaschs Schritt für Schritt. Rezept Seite 47.

◁ Minestra, die beliebte Spezialität aus Italien. Rezept Seite 23.

Zugeben und die Sauce etwas eindicken lassen. Mit der Worcestersauce und dem Cayennepfeffer nachwürzen.

Das paßt dazu: Petersilienkartoffeln.

> **Mein Tip** Wichtig ist, daß die Sauce pikant nachgewürzt wird.

Fischkugeln in Meerrettichsauce

2 altbackene Semmeln · 4 Zwiebeln
500 g Seefisch ohne Gräten (Rotbarsch oder Kabeljau)
3 Eßl. Kapern · 4 Sardellenfilets · 5 gestrichene Eßl. Mehl · 2 Eier
8 Eßl. Sahne/Rahm · Pfeffer, geriebene Muskatnuß · 1 Prise Currypulver
1 Messerspitze Cayennepfeffer · Butter für den Einsatz
2 Eßl. Butter · 1 gestrichener Eßl. Mehl
¹/₄ l Milch
100 g frischer geriebener Meerrettich (oder 3 Eßl. fertig geriebener aus dem Glas)
1 Teel. Zitronensaft
Pro Person etwa 505 Kalorien (2115 Joule)

● Zubereitungszeit: 30 Minuten. Garzeit: 7 Minuten.

Bei offenem Topf: Die Semmeln mit heißem Wasser übergießen. 5–10 Minuten stehenlassen. • Die Zwiebeln vierteln. • Den kleingeschnittenen Fisch mit den Zwiebelvierteln, den gut abgetropften Kapern, den Sardellenfilets und den ausgedrückten Semmeln zweimal durch die feinste Scheibe des Fleischwolfes drehen. • Die Masse in eine Schüssel geben. 5 Eßlöffel Mehl, die verquirlten Eier und die Sahne daruntermischen. Mit Salz, Pfeffer, Muskatnuß, dem Currypulver und dem Cayennepfeffer würzen. • Den Schnellkochtopf bis zum Einsatz mit leicht gesalzenem Wasser füllen und dieses aufkochen lassen. Aus der Masse kleine Kugeln formen, diese portionsweise (etwa 6–8 Stück) in den mit etwas Butter bestrichenen Einsatz geben und den Topf schließen.

Bei geschlossenem Topf: 7 Minuten garen. • Den Topf vom Herd nehmen. Öffnen, sobald sich das Ventil ganz gesenkt hat.

Nach dem Öffnen: Die Butter in einer Kasserolle schmelzen, das Mehl zugeben und 1–2 Minuten dünsten, ohne Farbe annehmen zu lassen. Mit ¹/₄ l Sud aus dem Schnellkochtopf ablöschen. Gut rühren, dann die Milch zugeben. • 5 Minuten unter gelegentlichem Rühren bei schwacher Hitze zu einer sämigen Sauce kochen. Den geriebenen Meerrettich zugeben, mit Salz, Pfeffer und Muskatnuß nachwürzen. Die abgetropften Fischkugeln und den Zitronensaft zufügen. Kurz erwärmen.

Das paßt dazu: Kartoffelpüree und ein kühles Bier.

> **Mein Tip** Man kann auch gekochten Fisch (Reste) verwenden. In diesem Fall die Garzeit auf 3 Minuten reduzieren.

Fischcurry nach indischer Art

¹/₈ l Milch · 1 Teel. Kokosnußflocken
1 Zwiebel · 2 gestrichene Eßl. Butter
4 große oder 8 kleine Seefischfilets
2 Eßl. Zitronensaft · 2 Knoblauchzehen
2 gestrichene Eßl. Currypulver · Salz
1 gestrichener Teel. Mehl. · 2 Eßl. Joghurt
Pro Person etwa 280 Kalorien (1165 Joule)

● Zubereitungszeit: 10 Minuten. Garzeit: 2 Minuten.

Bei offener Pfanne: Die Milch in einem kleinen Topf aufkochen und über die Kokosnußflocken gießen. 10 Minuten stehenlassen. • Während dieser Zeit die Zwiebel schälen und feinhacken. • Die Butter in der Schnellbratpfanne erhitzen. Die Fischfilets zugeben und von beiden Seiten kurz anbraten. Mit dem Zitronensaft begießen. Die gehackte Zwiebel, die geschälten, durchgepreßten Knoblauchzehen und das Currypulver zufügen. 1–2 Minuten mitbraten. Die gesiebte Kokosmilch zugießen. Mit Salz würzen und die Pfanne schließen.

Bei geschlossener Pfanne: 2 Minuten garen. • Die Pfanne sofort unter kaltem Wasser abkühlen, dann öffnen.

Nach dem Öffnen: Die Fischfilets aus der Pfanne heben, anrichten und warm stellen. • Die Sauce stark aufkochen. Das Mehl mit dem Joghurt gut verrühren. Zur Sauce geben und bei sehr milder Hitze unter Rühren eindicken lassen. Mit Salz und Curry nachwürzen und über die Fischfilets gießen.

Das paßt dazu: körnig gekochter Reis (Rezept Seite 62).

Chinesischer Sojafisch

1 Eßl. Öl
4 Fischfilets wie Zander, Seezunge oder Dorsch
250 g Lauch/Porree · Salz · 2 Eßl. Sojasauce
2 Eßl. Sake oder Sherry (Jerez)
1 Prise Ingwerpulver · 1 Knoblauchzehe
1 Prise Zucker · 1 Prise Cayennepfeffer
¹/₂ Teel. Speisestärke
Pro Person etwa 180 Kalorien (750 Joule)

● Zubereitungszeit: 10 Minuten. Garzeit: 3 Minuten.

Bei offener Pfanne: Das Öl in der Schnellbratpfanne erhitzen. Die Fischfilets und den gewaschenen, kleingeschnittenen Lauch zugeben. Beidseitig je 1 Minute anziehen lassen. Mit Salz würzen. Die Sojasauce, den Sake oder Sherry, das Ingwerpulver, die geschälte und durchgepreßte Knoblauchzehe, den Zucker und den Cayennepfeffer zufügen. Die Pfanne schließen.

Bei geschlossener Pfanne: Die Pfanne langsam erhitzen, bis der erste Ring des Ventils sichtbar wird. Die Hitze so regulieren, daß der Druckanzeiger nicht weitersteigt. Nach 3 Minuten die Schnellbratpfanne unter kaltem Wasser abkühlen und öffnen.

Nach dem Öffnen: Die Fischfilets auf gewärmten Tellern anrichten und warm stellen. • Die Sauce mit der angerührten Speisestärke mischen und aufkochen, bis sie gebunden ist. Wenn nötig mit wenig Wasser verdünnen.

Raffinierte Fleischgerichte

Der Schnellkochtopf und die Schnellbratpfanne ermöglichen das Garen, Schmoren und Braten auch von preisgünstigen Fleischstücken. In einem Drittel der üblichen Zeit werden sie schonend gar und besonders schmackhaft. Selbstverständlich wird es niemandem einfallen, kleine zarte Filets, Entrecôtes oder Leberschnitten auf diese Art zuzubereiten. Aber bei größeren Fleischstücken sind die Vorteile des Schnellkochens oder -bratens unübersehbar. Und die Fleischsaucen geraten besonders in der Schnellbratpfanne so kräftig, konzentriert und gut, daß man bestimmt nicht mehr auf das Zubereiten mit dieser Pfanne verzichten möchte.

Besonders zu beachten:
Bei Verwendung des Schnellkochtopfes:
● Gleichmäßig dicke Kochfleisch- oder Bratenstücke garen schneller.
● Braten, die schön braun oder knusprig werden sollen, gart man zunächst im Schnellkochtopf nach dem allseitigen Anbraten und läßt sie zum Schluß im Backofen kurz überkrusten.
● Fleischsaucen am besten nach beendetem Garvorgang im offenen Topf etwas einkochen lassen, damit sie konzentriert werden.
● Fleisch zum Schmoren mit gehackten Zwiebeln oder Wurzelgemüse leicht anbraten, mit wenig Flüssigkeit (siehe Garzeitentabelle Seite 11) ablöschen und garen.

Bei Verwendung der Schnellbratpfanne:
● Kleine Fleischstücke sollten erst nach dem Anbraten gesalzen werden, damit der Fleischsaft nicht austritt.
● Fleischstücke mit kurzen Garzeiten werden auf einer Seite schön braun gebraten und nach dem Wenden sofort im geschlossenen Topf (Pfanne) gegart. Dabei die Hitze nur langsam steigen lassen. Dies ist besonders wichtig, wenn das Fleisch im eigenen Saft oder mit sehr wenig Flüssigkeit geschmort wird.
● Braten- und Saucengerichte lassen sich in der Schnellbratpfanne sehr gut aufwärmen. Etwas verdünnte Sauce zum Fleisch geben (Bratenreste vorher eventuell aufschneiden) und in der geschlossenen Pfanne 2–3 Minuten garen. Auf diese Art schmeckt das Fleisch so gut wie frisch zubereitet.
● Saucen sollten erst nach dem Garen mit Speisestärke, Mehlbutter oder Bratenwürfel gebunden werden!

Schweinebraten nach schwedischer Art 🝙

Für 6 Personen:
200 g entsteinte Dörrpflaumen
2 Eßl. Weinbrand oder Cognac
1 kg Schweinebraten (magerer Hals)
2 gestrichene Eßl. Butter · Salz, Pfeffer
1 Prise Majoran · 1 Karotte/Möhre
1 Stück Sellerieknolle · 1 Zwiebel
2 Lorbeerblätter · $^1/_8$ l Weißwein
$^1/_8$ l klare Sauce (Instant-Bratensauce)
Pro Person etwa 755 Kalorien (3165 Joule)

● Zubereitungszeit: 20 Minuten, zusätzlich Einlegezeit für die Pflaumen. Garzeit: 35–40 Minuten.

Bei offenem Topf: Die Dörrpflaumen eine Stunde in Weinbrand oder Cognac einlegen. • Das Fleischstück mehrmals mit einem scharfen dünnen Messer durchbohren. Die Öffnungen mit den Pflaumen füllen (siehe Zeichnung). Den Einlegesaft für die Sauce zurückbehalten.

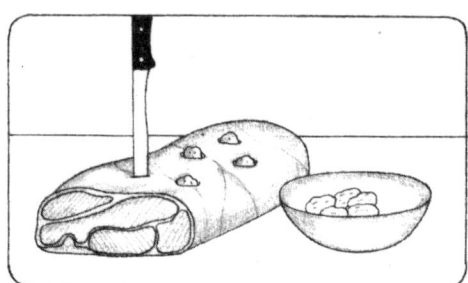

Mit einem spitzen Messer Löcher in das Fleisch stechen und Pflaumen hineindrücken.

• Die Butter im Schnellkochtopf erhitzen. Das Fleisch darin anbraten. Mit Salz, Pfeffer und Majoran bestreuen. Die gewaschene, grobgehackte Karotte, die geschälte Sellerieknolle, die geschälte, feingeschnittene Zwiebel und die Lorbeerblätter zufügen. Alles leicht anbraten. Mit dem Weißwein ablöschen und den Topf schließen.

Bei geschlossenem Topf: Den Braten 35–40 Minuten schmoren lassen. • Nach dieser Zeit den Topf vom Herd nehmen. Erst öffnen, wenn sich das Ventil gesenkt hat. • Die genaue Garzeit ist von der Qualität des Fleisches abhängig. Es schadet diesem Braten nicht, wenn er etwas länger gart!

Nach dem Öffnen: Den Braten aus dem Topf nehmen und warm stellen. • Die Sauce passieren und in den Topf zurückgeben. Die klare Sauce zugießen und bei starker Hitze 1–2 Minuten einkochen lassen. Die Sauce gesondert auf den Tisch bringen.

Mein Tip Noch besser wird die Sauce, wenn man sie mit 1 Prise Cayennepfeffer nachwürzt.

Italienischer Schweinebraten

Bild Umschlagvorderseite

Für 6 Personen:
1 Bund frische Kräuter (Estragon, Zitronenmelisse, Majoran, Rosmarin, Petersilie), ersatzweise 2–3 Teel. getrocknete Kräuter
3–4 Fleischtomaten
etwa 1 kg Schweinsnuß (aus der Keule)
2–3 Eßl. Olivenöl · 1 Zwiebel
3 Knoblauchzehen · ¼ l Weißwein · Salz
Pro Person etwa 685 Kalorien (2875 Joule)

● Zubereitungszeit: 35 Minuten. Garzeit: 30–40 Minuten.

Bei offenem Topf: Die Kräuter feinhacken. Die Tomaten an der Oberfläche einritzen, brühen, häuten, von den Kernen befreien und in Würfel schneiden. Das Fleischstück mit Küchenpapier sehr gut abtrocknen. • Das Olivenöl im Schnellkochtopf erhitzen. Das Fleisch darin ringsum scharf anbraten. Inzwischen die Zwiebel und die Knoblauchzehen schälen, die Zwiebel würfeln, den Knoblauch blättrig schneiden. • Das Fleisch aus dem Topf nehmen und warm stellen. Die Zwiebel und den Knoblauch in dem heißen Bratöl glasig braten. Die Kräuter zufügen und die Mischung auf der Oberseite des Bratens verteilen. • Den Bratensatz mit dem Weißwein loskochen und die Tomatenwürfel darin ganz kurz garen (schmelzen) lassen. Das Fleisch zugeben und salzen. Den Topf schließen.

Bei geschlossenem Topf: Den Braten 35 bis 40 Minuten garen. • Den Topf vom Herd nehmen. Öffnen, wenn sich das Ventil gesenkt hat.

Nach dem Öffnen: Das Fleisch aus dem Topf nehmen und warm stellen. • Die Sauce passieren und abschmecken. Den Braten in Scheiben schneiden und die Tomatensauce dazu servieren.

Das paßt dazu: Stangenweißbrot und ein möglichst bunter Salat, als Getränk ein trockener Lugana oder ein weißer Chianti.

> **Mein Tip** Sie können diesen Schweinebraten auch sehr gut in der Schnellbratpfanne zubereiten.

Bauernterrine

3 Teel. getrocknetes Basilikum
2 Eßl. Weinbrand oder Cognac
250 g mageres Schweinehackfleisch
250 g Kalbs- oder Geflügelhackfleisch
Salz, schwarzer Pfeffer
¹/₄ Teel. gemahlener Koriander
1 Messerspitze gemahlener Piment
1 große Zwiebel · 2 gestrichene Eßl. Butter
100 g Kalbs- oder Geflügelleber
100 g sehr dünne Scheiben durchwachsener Speck
2 Lorbeerblätter · ¹/₄ l Sülze (aus Beutel zubereitet) · 1 Eßl. Weißwein
Pro Person etwa 315 Kalorien (1325 Joule)

● Zubereitungszeit: 30 Minuten; zusätzlich 2 Stunden Marinierzeit. Garzeit: 25 Minuten.

Bei offenem Topf: 1 Teelöffel Basilikum mit dem Weinbrand oder Cognac mischen und 2

Stunden ziehen lassen. • Die Mischung danach gut mit dem gehackten Fleisch vermengen. Die Fleischmasse mit Salz, Pfeffer, dem Koriander und dem Piment würzen. • Die geschälte, feingehackte Zwiebel in der Butter 2–3 Minuten anbraten, ohne Farbe annehmen zu lassen und unter das Fleisch mischen. • Die Leber in kleine Stücke schneiden. • Die Terrinenform mit den Speckscheiben auslegen. Die Hälfte der Fleischmasse hineingeben, gut andrücken und die Leber darauf verteilen. Mit dem restlichen Basilikum bestreuen. Die zweite Fleischhälfte einfüllen. Die Lorbeerblätter darüberlegen und mit den restlichen Speckscheiben abdecken. Den Deckel aufsetzen und die Terrine in Aluminiumfolie einpacken. Die Terrine auf den Siebeinsatz stellen und in den Schnellkochtopf geben. Bis zum Siebeinsatz Wasser einfüllen. • Den Topf schließen.

Bei geschlossenem Topf: Die Hitzezufuhr so regulieren, daß nur der erste Ring des Ventils sichtbar wird. 35 Minuten garen. • Den Topf unter kaltem Wasser abkühlen lassen, öffnen und die Terrine aus der Folie nehmen.

Nach dem Öffnen: Die Terrine erkalten lassen. • Den Fleischblock aus dem Gefäß heben, den Speck abziehen und das überschüssige Fett entfernen. Wieder in die gewaschene Form geben und mit Sülze auffüllen. • Die Terrine läßt sich 5–6 Tage im Kühlschrank aufbewahren.

Das paßt dazu: Toast- oder Bauernbrot mit Butter, Essigzwiebeln und Cornichons.

Schweinsragout mit Kohlrabi 🍳

1 gestrichener Eßl. Butter
750 g Schweineschulter, in Würfel geschnitten
½ Schweinsfüßchen · 1 Zwiebel · 1 Lorbeer-
blatt
½ Teel. Kümmel · 3 Eßl. Weißwein
3 Eßl. Fleischbrühe · Salz, Pfeffer · 4 Kohlrabi
1 Würfel klare Sauce
2 Eßl. saure Sahne/Sauerrahm (nach Belieben)
Pro Person etwa 860 Kalorien (3605 Joule)

● Zubereitungszeit: 10 Minuten. Garzeit: 25 Minuten.

Bei offener Pfanne: Die Butter in der Schnell-bratpfanne erhitzen. Die Fleischwürfel und das Schweinsfüßchen darin goldbraun braten. • Die geschälte, feingehackte Zwiebel, das Lor-beerblatt und den Kümmel zufügen und 1–2 Minuten mitbraten. Den Weißwein und die Fleischbrühe dazugießen, mit Salz und Pfeffer würzen und die Pfanne schließen.

Bei geschlossener Pfanne: 20 Minuten schmo-ren. • Die Kohlrabi schälen und in Streifen schneiden. • Die Pfanne abkühlen. Die Kohlra-bi zugeben und 5 Minuten unter Druck schmo-ren; unter kaltem Wasser abkühlen.

Nach dem Öffnen: Das Fleisch und die Kohl-rabi mit dem Schaumlöffel aus der Bratpfanne nehmen, anrichten und warm stellen. • Die Sauce stark aufkochen und den Saucenwürfel unter Rühren darin lösen. Nach Belieben mit der sauren Sahne verfeinern und eventuell mit Salz und Pfeffer nachwürzen. Die Sauce über dem Fleisch anrichten.

Das paßt dazu: grünes Kartoffelpüree (durch-gepreßte Kartoffeln, gemischt mit wenig Milch und viel gehackter Petersilie).

Mein Tip Kohlrabi lassen sich auch durch Karotten oder Sellerie ersetzen.

Ochsenbrust mit Schnittlauchsauce 🍲

½ l Wasser · 200 g Rindsknochen · 1 Zwiebel
1 Lorbeerblatt · 1 Gewürznelke · 1 Karotte/
Möhre
800 g Ochsenbrust · Salz · 1 gestrichener Eßl.
Butter
1 gestrichener Eßl. Mehl
½ l Fleischsud von der Ochsenbrust
Pfeffer, geriebene Muskatnuß
4 Markknochen (bereits in Scheiben zersägt)
1 Eßl. scharfer Senf · 1 Eßl. gehackter Schnitt-
lauch
3 Eßl. Sahne/Rahm
Pro Person etwa 740 Kalorien (3090 Joule)

● Zubereitungszeit: 20 Minuten. Garzeit: 35–40 Minuten.

Bei offenem Topf: Das Wasser mit den Rinds-knochen, der geschälten, mit dem Lorbeer-blatt und der Gewürznelke gespickten Zwie-bel, der geschälten und halbierten Karotte und ½ Eßlöffel Salz aufkochen. Die Ochsenbrust zugeben und den Topf schließen.

Bei geschlossenem Topf: 35–40 Minuten ko-chen (je nach Qualität des Fleisches). • Den

Topf vom Herd nehmen und erst öffnen, wenn sich das Ventil gesenkt hat.

Nach dem Öffnen: Den Topf mit dem Fleisch bei milder Hitze warm halten. • Das Mehl in der Butter in einer kleinen Pfanne 1–2 Minuten anschwitzen. Mit dem Fleischsud ablöschen, mit Pfeffer und Muskatnuß und wenn nötig mit wenig Salz nachwürzen. Unter Rühren aufkochen. 10 Minuten bei milder Hitze eindicken lassen. Nach Bedarf noch etwas Sud zufügen. • Inzwischen die Markknochen zur Ochsenbrust geben. 10 Minuten leise ziehen lassen. • Das Fleisch in 1 cm dicke Scheiben schneiden, auf einer Platte anrichten und mit den Markknochen garnieren. Die Sauce mit dem Senf und dem Schnittlauch gut verrühren. Die Sahne zugeben. Die Sauce nochmals erwärmen, aber nicht mehr kochen. Gesondert zum Fleisch servieren.

Das paßt dazu: Kartoffeln in der Schale (Rezept Seite 59).

Mein Tip Die Ochsenbrust schmeckt auch kalt sehr gut. Im Sud erkalten lassen und mit einer Vinaigrette aus Öl, Senf, Essig, Schnittlauch, Zwiebeln und gehacktem Ei servieren.

Rindsvögel nach Schweizer Art

100 g Weißbrot · ¹/₈ l Milch · ¹/₈ l Wasser
50 g durchwachsener Speck · 1 kleine Zwiebel
2 gestrichene Eßl. Butter · 1 Ei
1 Eßl. gehackte Petersilie
Salz, Pfeffer, geriebene Muskatnuß, Thymian
8 dünne Scheiben Rindfleisch (Huft) zu je 70 g
1 Karotte/Möhre · 1 Lorbeerblatt
1 Zweig Selleriekraut · ¹/₈ l Weißwein
¹/₂ Teel. Tomatenpüree
Pro Person etwa 625 Kalorien (2620 Joule)

● Zubereitungszeit: 20 Minuten. Garzeit: 12 Minuten.

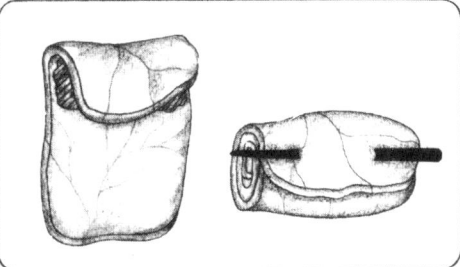

Die Füllung auf eine Hälfte der Fleischscheiben geben, diese sorgfältig aufrollen und die Röllchen mit Holzspießchen befestigen.

Bei offener Pfanne: Das Weißbrot in kleine Stücke schneiden und in eine Schüssel geben. Die Milch mit dem Wasser aufkochen, über das Weißbrot gießen und zugedeckt 15 Minuten stehenlassen. • Dann das Brot gut auspressen und durch ein Sieb streichen. • Den Speck und die geschälte Zwiebel feinhacken und in 1 Eßlöffel Butter 2–3 Minuten braten. Zur Brot-

Kalbshaxen in Zitronensauce, Rezept Seite 39, ein ▷
lukullischer Beweis für die Leistung der Schnellbratpfanne.

masse geben, das verquirlte Ei und die Petersilie zufügen, gut mischen und mit Salz, Pfeffer
und Muskatnuß würzen. • Die Rindfleisch-
scheiben flachklopfen, mit Salz, Pfeffer und
Thymian bestreuen, die Brotfüllung darauf
verteilen, einrollen und mit Rouladennadeln
oder Hölzchen feststecken. • Die restliche Butter in der Schnellbratpfanne erhitzen und die
Rouladen darin von allen Seiten gut anbraten.
Die gewaschene, halbierte Karotte, das Lorbeerblatt, das Selleriekraut und den Weißwein
zugeben. Die Pfanne schließen.

Bei geschlossener Pfanne: 12 Minuten schmoren. • Die Pfanne unter kaltem Wasser abkühlen, dann erst öffnen.

Nach dem Öffnen: Die Rouladen aus der
Pfanne nehmen und warm stellen. Das Tomatenpüree zur Sauce geben. Stark einkochen
lassen, nach Bedarf nachwürzen. Die Sauce
über das Fleisch verteilen.

Das paßt dazu: körnig gekochter Reis (Rezept
Seite 62).

Mein Tip Die Brotfüllung läßt
sich durch rohe Bratwurstfüllung ersetzen. Die Bratwurstmasse ebenfalls
mit gebratenen Zwiebelwürfeln mischen und kleingeschnittene Petersilie
unterheben.

Rindszunge mit grünem Pfeffer

Für 6–8 Personen:
1 geräucherte Rindszunge · 1 Stange Lauch/
* Porree*
1 Karotte/Möhre · 1 Stück Sellerieknolle
2 Zwiebeln · 1 Lorbeerblatt · 1 Gewürznelke
2 gestrichene Eßl. Butter
1 gestrichener Eßl. Mehl · 1/4 l Weißwein
1/4 l Zungenbrühe (Sud) · 1 1/2 Eßl. grüner
* Pfeffer (aus dem Glas)*
1/8 l Sahne/Rahm · 1 Eigelb · 1 Teel. Senf
Pro Person etwa 475 Kalorien (1980 Joule)

● Zubereitungszeit: 15 Minuten; zusätzlich
2–3 Stunden Wässerung. Garzeit: 45–60
Minuten.

Bei offenem Topf: Die Rindszunge 2–3 Stunden in kaltes Wasser legen. • Dann in den
Schnellkochtopf geben und mit Wasser bedek-
ken. • Die gewaschene Lauchstange, die geschabte Karotte, den geschälten Sellerie und
eine geschälte, grobgeschnittene Zwiebel
beifügen. • Die zweite geschälte Zwiebel mit
dem Lorbeerblatt und der Gewürznelke spik-
ken und ebenfalls zugeben. Den Topf
schließen.

Bei geschlossenem Topf: Je nach Qualität der
Zunge 45–60 Minuten kochen. Den Topf vom
Herd nehmen und öffnen, sobald sich das Ven-
til gesenkt hat.

Nach dem Öffnen: Die Butter und das Mehl in
einem kleinen Topf 3–4 Minuten dünsten,
ohne Farbe annehmen zu lassen. Mit dem
Weißwein und 0,3 l passierter Zungenbrühe

◁ Eine feine Geflügelcremesuppe, Rezept Seite 21, ist mit dem Schnellkochtopf auch für Eilige kein Problem.

ablöschen. • Den grünen Pfeffer abtropfen lassen, kalt abspülen und beifügen. Bei milder Hitze zu einer glatten Sauce kochen. • Inzwischen die Zunge aus dem Topf nehmen, etwas erkalten lassen, enthäuten, in dünne Scheiben schneiden und auf einer vorgewärmten Platte dachziegelartig anordnen. • Die Sahne mit dem Eigelb und dem Senf verquirlen. Etwas Sauce dazugießen und unter Rühren wieder in den Topf geben. Die Sauce noch gut erhitzen, aber nicht mehr kochen lassen und über der Zunge verteilen.

Das paßt dazu: körnig gekochter Reis (Rezept Seite 62) oder Kartoffelpüree.

> **Mein Tip** Die Sauce wird zur milden Kapernsauce, wenn man den grünen Pfeffer durch 2 Eßlöffel Kapern ersetzt. Zur Abwechslung kann man auch mit Estragon würzen.

Rinderbraten nach Prager Art ⊫

Für 4 Personen:
Für die Beize:
½ Stange Lauch/Porree · 1 Stück Sellerieknolle
1 Karotte/Möhre · 1 Zwiebel · 1 Knoblauchzehe
1 Lorbeerblatt · 2 Gewürznelken
¹/₁₆ l Essig · ¹/₁₆ l Wasser ¹/₁₆ l Rotwein
600 g Rinderbraten
Pfeffer, Piment, Salbei, Thymian, Rosmarin, Kardamom, Ingwer

1 gestrichener Eßl. Butter · 1 Stück Brotrinde
⅛ l saure Sahne/Sauerrahm
Pro Person etwa 430 Kalorien (1720 Joule)

● Zubereitungszeit: 20 Minuten; zusätzlich 4 Tage Beizzeit. Garzeit: 35–40 Minuten.

Bei offener Pfanne: Das gewaschene und geputzte Gemüse grobhacken. • Alle Zutaten für die Beize zusammen aufkochen. Das Fleisch in eine tiefe Schüssel legen und mit der noch warmen Beize begießen. • 4 Tage zugedeckt in den Kühlschrank stellen. Ab und zu wenden und darauf achten, daß das Fleisch immer von der Beize bedeckt ist. • Dann das Fleisch herausnehmen, gut abtropfen und mit Küchenkrepp abtupfen. Das Fleisch mit Pfeffer, Piment, Salbei, Thymian, Rosmarin, Kardamom und Ingwer einreiben und in der Butter von allen Seiten gut anbraten. • Die Brotrinde zum Schluß leicht mitbraten. Das Fleisch mit der passierten Beize begießen und wenig Salz zugeben. Die Pfanne schließen.

Bei geschlossener Pfanne: 35–40 Minuten schmoren. • Die Pfanne vom Herd nehmen und langsam abkühlen lassen, erst dann öffnen.

Nach dem Öffnen: Das Fleisch aus der Pfanne nehmen und warm stellen. • Die Sauce stark aufkochen. Die saure Sahne verrühren, zur Sauce geben. Unter Rühren etwas eindicken lassen. Leicht nachwürzen.

Das paßt dazu: Kartoffelpüree.

> **Mein Tip** Man kann dieser Sauce zur Abwechslung 1 Eßlöffel Kapern beimischen oder Rosinen mitkochen.

Lamm nach Burgunder Art

Für die Marinade:
3 Karotten/Möhren · ¹/₂ Stange Lauch/Porree
1 Stück Sellerieknolle · 1 Knoblauchzehe
¹/₂ Teel. Thymian · 1 Lorbeerblatt
¹/₂ Teel. Rosmarin
1 kleines Stück Orangenschale
1 Zweig Petersilie · ¹/₂ l guter Rotwein
750 g entbeinte Lammschulter
2 gestrichene Eßl. Butter
Salz · 1 Eßl. Tomatenpürree
50 g durchwachsener Speck
12 Perlzwiebeln · 1 gestrichener Teel. Mehl
1 gestrichener Teel. Butter
Pro Person etwa 660 Kalorien (2755 Joule)

● Zubereitungszeit: 20 Minuten; zusätzlich 2–3 Tage Marinierzeit. Garzeit: 20 Minuten.

Bei offenem Topf: Die geschabten Karotten, den gewaschenen Lauch und den geschälten Sellerie kleinschneiden und mit den Gewürzen und dem Rotwein in eine tiefe Schüssel geben. Das Fleisch in Würfel schneiden und 2–3 Tage in dieser Marinade ziehen lassen. Im Kühlschrank aufbewahren und häufig wenden.• Das Fleisch mit Küchenkrepp gut abtrocknen. Die Fleischwürfel in dem Schnellkochtopf in 1¹/₂ Eßlöffeln Butter goldbraun braten. Das Fleisch mit ¹/₄ l der passierten Marinade ablöschen.• Die Karotten, den Lauch und den Sellerie aus der Marinade beifügen. Mit Salz und Tomatenpürée würzen. Den Topf schließen.

Bei geschlossenem Topf: 20 Minuten schmoren lassen.• Inzwischen den Speck in feine Streifen schneiden, kurz überbrühen und mit der restlichen Butter in einer kleinen Bratpfanne zusammen mit den geschälten Perlzwiebeln leicht anbraten. • Den Schnellkochtopf nach 10 Minuten abkühlen und öffnen, den Speck und die Perlzwiebeln zugeben, den Topf wieder schließen und nochmals 10 Minuten unter Druck setzen. Den Topf unter kaltem Wasser abkühlen und dann erst öffnen.

Nach dem Öffnen: Das Mehl und die Butter mit einer Gabel zu einer Kugel kneten und unter Rühren zur Weinsauce geben. Sobald die Sauce gebunden ist, das Gericht auf einer vorgewärmten Platte anrichten.

Das paßt dazu: in Butter geröstete grüne Bohnen, mit Knoblauch gewürzte Brotscheiben und Kartoffelpüree oder Nudeln.

Mein Tip Nach diesem Rezept läßt sich auch Schweine- oder Rindfleisch zubereiten. Bei Rindfleisch muß die Garzeit um 5–10 Minuten verlängert werden.

Kalbsbrust mit Orangen

750 g Kalbsbrust am Stück
grob gemahlener Pfeffer · 1 Teel. Rosmarin
2 gestrichene Eßl. Butter · Salz · 1 Zwiebel
2 Karotten/Möhren · ¹/₈ l Weißwein
¹/₈ l Orangensaft · 2 Eßl. gehackte Orangenschale · 1 Teel. gehackte Zitronenschale
1 Knoblauchzehe

1 Orange · 1 gestrichener Teel. Speisestärke
1 Eßl. Tomatenpüree · 1 gestrichener Teel.
   Zucker
2 Eßl. Orangenlikör, 1 Rosmarinzweig
Pro Person etwa 410 Kalorien (1715 Joule)

● Zubereitungszeit: 15 Minuten. Garzeit:
35 Minuten.

Bei offener Pfanne: Die Kalbsbrust mit Pfeffer
einreiben und mit der Hälfte des Rosmarins
bestreuen. Gut andrücken, dann von beiden
Seiten in der Schnellbratpfanne in der Butter
anbraten. • Nach 2–3 Minuten salzen und die
geschälte, grobgeschnittene Zwiebel und die
geschabten, ebenfalls grobgeschnittenen Karotten zufügen. Leicht mitbraten. Mit dem
Weißwein und dem Orangensaft ablösen,
die Orangen- und die Zitronenschale, die
durchgepreßte Knoblauchzehe und den restlichen Rosmarin zugeben. Die Pfanne
schließen.

Bei geschlossener Pfanne: 35 Minuten schmoren lassen. • Die Pfanne unter kaltem Wasser
abkühlen und öffnen. • Inzwischen die Orange
so schälen, daß die weißen Häutchen auch entfernt werden.

Nach dem Öffnen: Das Fleisch aus der Pfanne
nehmen und warm stellen. • Die Sauce passieren, wieder in die Pfanne geben und stark einkochen. Die Speisestärke mit 1 Eßlöffel Wasser verrühren, zusammen mit dem Tomatenpüree, dem Zucker und dem Orangenlikör zu
der Sauce geben. Unter Rühren kochen lassen,
bis die Sauce gebunden ist und klar wird.
Eventuell noch etwas nachwürzen und über
dem Fleisch anrichten. • Die Kalbsbrust mit
dünn geschnittenen Orangenscheiben und mit
1 Rosmarinzweig garnieren.

Kalbshaxen
in Zitronensauce ◖━

Bild Seite 35

1 Messerspitze Safran
¼ Teel. grob gemahlener Pfeffer
2 Teel. geriebene Zitronenschale
4 Scheiben Kalbshaxen zu je 180 g
1 gestrichener Eßl. Butter · Salz
1 Zwiebel
⅛ l Hühnerbouillon · 1 Eßl. Zitronensaft
1 Eßl. feingehackte Zitronenschale
1 Eßl. französischer Senf
3 Eßl. herber Sherry (Jerez)
1 gestrichener Teel. Speisestärke
Pro Person etwa 250 Kalorien (1050 Joule)

● Zubereitungszeit: 15 Minuten. Garzeit:
20 Minuten.

Bei offener Pfanne: Den Safran, den Pfeffer
und die geriebene Zitronenschale mischen.
Das Fleisch mit dieser Mischung einreiben. •
Die Butter in der Pfanne erhitzen. Die Kalbs-
haxenscheiben von beiden Seiten darin goldgelb anbraten. • Das Fleisch mit Salz bestreu-
en. Die geschälte, gehackte Zwiebel zufügen
und 2–3 Minuten mitbraten. • Die Hühnerbouillon, den Zitronensaft und die Zitronenschale zugeben. Die Pfanne schließen.

Bei geschlossener Pfanne: 20 Minuten garen. •
Die Pfanne unter kaltem Wasser abkühlen.

Nach dem Öffnen: Das Fleisch herausnehmen
und warm stellen. • Den Senf, den Sherry und
die Speisestärke gut verrühren. Zur Sauce geben. Unter Rühren aufkochen lassen. • Nach
Bedarf mit Salz und Pfeffer nachwürzen. Die
Sauce über dem Fleisch verteilen.

Geflügel für Feinschmecker

Im Schnellkochtopf lassen sich aus Hühnern, auch aus etwas älteren, viele ausgezeichnete Gerichte zubereiten. Delikate gebratene und geschmorte Spezialitäten entstehen aus Hähnchen und Geflügelteilen in der Schnellbratpfanne. Alles in Rekordzeit und ohne viel Aufwand. Wie weit diese Palette reicht, ersehen Sie aus den folgenden Rezepten: vom Huhn in Steinpilzsauce über das provenzalische Hähnchen bis zur geschmorten Ente. Aber auch hier ist das »Gewußt wie« sehr wichtig. Es ist nicht gleichgültig, wieviel Flüssigkeit beim Garen zugegeben wird, und den letzten Schliff vor dem Anrichten sollten Sie nicht vernachlässigen. Die hier aufgeschriebenen Beispiele dienen als Anregung, denn mit ein bißchen Phantasie und Freude am Kochen kann manches zu originellen Eigenschöpfungen abgewandelt werden.

Besonders zu beachten:
● Legt man Wert auf eine kräftige Sauce, kann man den Hals, die Leber und den Magen des jeweiligen Geflügels kurz anbraten und mit wenig Wein, Brühe oder Wasser gesondert im Schnellkochtopf oder in der Schnellbratpfanne auskochen. Mit diesen konzentrierten Fonds wird zum Schluß die Sauce bereichert.
● Wichtig ist die Behandlung von tiefgekühltem Geflügel (Seite 16).
● Bei zarten Hähnchen und Geflügelteilen besonders auf die Garzeiten achten! In 6–8 Minuten sind sie meistens gar; es muß ja nicht sein, daß das Fleisch von den Knochen fällt.
● Suppenhühner haben im Gegensatz dazu oft sehr lange Garzeiten; kontrollieren Sie aber nach einer gewissen Zeit nach, damit das Fleisch nicht zerfällt. Hühner können ohne Schaden vorgekocht und nach einer Unterbrechung fertig gegart werden.

Huhn in Steinpilzsauce

1 Suppenhuhn · 2 gestrichene Eßl. Butter
1 große Zwiebel · 1 Stück Sellerieknolle
2 Karotten/Möhren · 1 Lorbeerblatt
1 Gewürznelke · ¼ l Hühnerbouillon
20 g getrocknete Steinpilze
1 gestrichener Eßl. Mehl · 3 Eßl. Sahne/Rahm
Salz, weißer Pfeffer · 1 Prise geriebene
*   Muskatnuß*
1 Prise Thymian
Pro Person etwa 395 Kalorien (1660 Joule)

● Zubereitungszeit: 15 Minuten. Garzeit: 15–25 Minuten.

Bei offener Pfanne: Das Huhn in 8 Stücke teilen. • Die Hälfte der Butter in der Schnellbratpfanne erhitzen. Die Hühnerstücke darin 2–3 Minuten anbraten. • Die geschälte, feingehackte Zwiebel zufügen und 2 Minuten weiterbraten. • Den gewaschenen, kleingeschnittenen Sellerie und die geschälten und halbierten Karotten zufügen, das Lorbeerblatt, die Gewürznelke, die Hühnerbouillon und die gewa-

Butter und Mehl mit einer Gabel zu einer Kugel kneten.

schenen Steinpilze zugeben. Die Pfanne schließen.

Bei geschlossener Pfanne: Je nach Alter des Huhnes 10–20 Minuten garen. • Das Mehl und die Butter mit einer Gabel zu einer Kugel verarbeiten (siehe Zeichnung). • Dann die Pfanne unter kaltem Wasser abkühlen und öffnen. • Die Hühnerstücke herausnehmen. • Die Mehlbutter zur Flüssigkeit geben, die Pfanne nochmals schließen und 5 Minuten weitergaren. • Die Pfanne wieder abkühlen und öffnen.

Nach dem Öffnen: Die Hühnerstücke sowie die Sahne in die Sauce geben und kurz erwärmen. Mit den Gewürzen abschmecken.

Das paßt dazu: Kartoffelpüree oder Reis.

Mein Tip Delikater wird dieses Gericht, wenn man die Hühnerstücke nach dem Kochen von der Haut befreit.

Hähnchen nach provenzalischer Art

Bild 2. Umschlagseite

1 Hähnchen oder 1 kg tiefgefrorene Geflügelteile
2 Eßl. Olivenöl · 1 Zwiebel · 2 Knoblauchzehen
4 Tomaten · 1/8 l Rotwein
1 Teel. Provence-Kräutermischung (Basilikum, Rosmarin, Bohnenkraut, Salbei, Thymian, Majoran)

1 Prise Fenchelkörner
Salz · schwarzer, grob gemahlener Pfeffer
Pro Person etwa 300 Kalorien (1270 Joule)

● Zubereitungszeit: 15 Minuten. Garzeit: 8 Minuten.

Bei offener Pfanne: Das Hähnchen waschen, trockentupfen und in 8 Teile zerlegen. • Das Olivenöl in der Pfanne erhitzen. Die Hähnchenteile darin goldgelb anbraten. Die geschälte, feingehackte Zwiebel zufügen, 1–2 Minuten mitbraten. Die geschälten, durchgepreßten Knoblauchzehen und die geschälten, kleingeschnittenen Tomaten dazugeben. Den Rotwein, die Provence-Kräutermischung und die Fenchelkörner zufügen. Mit Salz und Pfeffer würzen. Die Pfanne schließen.

Bei geschlossener Pfanne: 8 Minuten schmoren lassen. • Dann die Pfanne sofort unter kaltem Wasser abkühlen und öffnen.

Nach dem Öffnen: Die Hähnchenstücke anrichten, die Sauce etwas einkochen lassen und darübergeben.

Das paßt dazu: geröstete Brot-Croûtons oder Weißbrot.

Mein Tip Man kann das Gericht nach dem Anrichten wie folgt ergänzen: 1 Eßlöffel Semmelbrösel, 1 durchgepreßte Knoblauchzehe und 1 Eßlöffel gehackte Petersilie in wenig Butter andünsten und darüber verteilen. Es sieht hübsch aus und schmeckt ganz ausgezeichnet.

Geschmorte Ente mit Oliven 🍷

Für 3 Personen:
1 junge Ente von etwa 1 kg
1 Zwiebel
50 g durchwachsener Speck · 2 gestrichene Eßl.
Butter
¹/₈ l Weißwein
1 Knoblauchzehe · Salz, Pfeffer · 1 Prise
Zucker
1 Stück Orangenschale · ¹/₂ Teel. Speisestärke
50 g grüne Oliven
Pro Person etwa 690 Kalorien (2885 Joule)

● Zubereitungszeit: 20 Minuten. Garzeit: 7–12 Minuten.

Bei offener Pfanne: Die Ente waschen, trockentupfen und in 6 Teile zerlegen. Die Zwiebel schälen und in Streifen schneiden. Den Speck hacken. • Die Butter in der Schnellbratpfanne erhitzen. Die Entenstücke in der Butter von allen Seiten goldbraun anbraten. Die Zwiebelstreifen und den gehackten Speck zufügen, kurz mitbraten und mit dem Weißwein ablöschen. Mit der geschälten, durchgepreßten Knoblauchzehe, Salz, Pfeffer und der Prise Zucker würzen. Die Orangenschale zugeben und die Pfanne schließen.

Bei geschlossener Pfanne: 7–12 Minuten schmoren lassen. Die genaue Garzeit hängt von der Qualität und dem Alter der Ente ab. Am besten nach 7 Minuten die Pfanne unter kaltem Wasser abkühlen, öffnen und kontrollieren, ob das Fleisch weich genug ist. Wenn nicht, nochmals unter Druck setzen.

Nach dem Öffnen: Die Entenstücke auf einer vorgewärmten Platte anrichten und warm stellen. Den Bratensaft durch ein Sieb gießen. 3 Eßlöffel davon mit der Speisestärke verrühren. Den Rest des Bratensaftes und die angerührte Speisestärke in die Pfanne zurückgeben. Die entsteinten, kleingeschnittenen Oliven zufügen und stark aufkochen. Über die Ente verteilen.

Das paßt dazu: Kartoffelpuffer.

Mein Tip Zur Abwechslung kann man den Weißwein durch Orangensaft und 1 Teelöffel Sojasauce ersetzen. In diesem Fall die Oliven weglassen.

Wildspezialitäten

Zartes Wildfleisch, gebraten oder geschmort, wird in der Schnellbratpfanne besonders schmackhaft. Größere Fleischstücke oder nicht mehr ganz junges Wildgeflügel mit Sauerkraut oder ein Wildpfeffer mit etwas längerer Garzeit gelingen dagegen unbedingt im Schnellkochtopf. Das typische Aroma des Wildfleisches bleibt bei der Schnellkochmethode voll erhalten. Wildsaucen werden besonders kräftig und aromatisch, vorausgesetzt, man gibt dem Fleisch nicht zu viel Flüssigkeit bei. Auch da gilt es, die angegebenen Flüssigkeitsmengen genau zu beachten. Dank dieser Kochmethode kann auch das Einlegen in Beize verkürzt werden. 1–2 Tage genügen bereits, denn beim Garen in der Beize im geschlossenen Topf wird das Fleisch mit dem Beiz-Aroma gut durchtränkt.

Besonders zu beachten:
● Große Fleischstücke wie Schlegel oder Rücken müssen Sie leider aus Platzgründen für den Schnellkochtopf oder die Schnellbratpfanne zerteilen.
● Reh- und Hasenrücken, die innen leicht rosa bleiben sollen, mit möglichst kurzer Garzeit braten.
● Für Wildsaucen lohnt es sich, Wildfleischabschnitte und Knochen in wenig Wasser, Bouillon oder Wein gesondert im Schnellkochtopf auszukochen.

Hasenpfeffer nach französischer Art 🍲

1 kg Wildhasenfleisch mit Knochen
Für die Beize:
1 Zwiebel · 1 Karotte/Möhre · 1 Stange
*   Lauch/Porree*
1 Lorbeerblatt · 2 Wacholderbeeren
5 Pfefferkörner · 1 Gewürznelke
1/2 Teel. getrockneter Thymian
1 l Rotwein · 2 Eßl. Rotweinessig
2 gestrichene Eßl. Butter
Salz, Pfeffer · 50 g durchwachsener Speck
14 Perlzwiebeln · 100 g Champignons
2 Eßl. Weinbrand oder Cognac
1/8 l Hasen- oder Schweineblut
2 Eßl. Sahne/Rahm
Pro Person etwa 460 Kalorien (1935 Joule)

● Zubereitungszeit: 25 Minuten; zusätzlich 3–4 Tage Beizzeit. Garzeit: 15 Minuten.

Bei offenem Topf: Das Wildhasenfleisch in eine tiefe Schüssel geben. Das Gemüse waschen, kleinschneiden und zusammen mit den übrigen Zutaten für die Beize zum Fleisch geben. Den Rotwein aufkochen. Mit dem Essig mischen und darübergießen. 3–4 Tage im Kühlschrank ziehen lassen. Mehrmals wenden. • Die Fleischstücke aus der Beize nehmen, mit Küchenkrepp abtrocknen. 1 Eßlöffel Butter in einer Kasserolle erhitzen, die Fleischstücke darin stark anbraten und in den Schnellkochtopf geben. Mit 1/4 l der passierten Beize begießen. Mit Salz und Pfeffer würzen. Den Topf schließen.

Bei geschlossenem Topf: 15 Minuten kochen. • Danach den Topf sofort unter kaltem Wasser abkühlen und öffnen. • Inzwischen den Speck in kleine Würfel schneiden und für 3 Minuten in kochendes Wasser geben. Dann mit den geschälten Perlzwiebeln und den gewaschenen, geviertelten Champignons in einer kleinen Bratpfanne in der restlichen Butter 10 Minuten schmoren lassen (in der Schnellbratpfanne nur 3 Minuten!).

Nach dem Öffnen: Die Fleischstücke aus dem Topf nehmen. Den Weinbrand oder Cognac zugeben und kurz aufkochen, dann die Hitze klein stellen. Das Blut unter Rühren zugeben und nur noch so lange erhitzen, bis die Sauce dunkel und sämig wird. Nicht kochen! Mit der Sahne verfeinern. Das Fleisch nochmals ganz kurz in die Sauce geben und darin erwärmen.

Mein Tip Sollte kein Blut erhältlich sein, so kann man etwas Mehlbutter zufügen: $1/2$ Teelöffel Butter mit gleichviel Mehl gut verkneten und unter Rühren zur Sauce geben.

Rehragout mit Pfifferlingen

600 g Rehfleisch ohne Knochen
100 g durchwachsener Speck
2 gestrichene Eßl. Butter · 1 Zwiebel
1 Lorbeerblatt · Salz, Pfeffer
$1/2$ Teel. getrockneter Majoran · $1/8$ l Weißwein
250 g frische Pfifferlinge/Eierschwämme
1 Eßl. gehackte Petersilie · 2 Eßl. Sahne/Rahm
Pro Person etwa 440 Kalorien (1835 Joule)

● Zubereitungszeit: 15 Minuten. Garzeit: 15 Minuten.

Bei offener Pfanne: Das Fleisch in Würfel schneiden; den Speck hacken. • Die Butter in der Schnellbratpfanne erhitzen. Das Fleisch und den gehackten Speck hineingeben. Von allen Seiten gut anbraten. Die geschälte, ge-

hackte Zwiebel und das Lorbeerblatt zufügen, mit Salz, Pfeffer und Majoran würzen. Den Weißwein zugeben und die Pfanne schließen.

Bei geschlossener Pfanne: 15 Minuten schmoren lassen. • Dann die Pfanne unter kaltem Wasser abkühlen und öffnen. Die geputzten Pilze zufügen. Nochmals 5 Minuten unter Druck setzen und die Pfanne wiederum abkühlen und öffnen.

Nach dem Öffnen: Das Ragout 2–3 Minuten weiterkochen lassen, gut durchrühren, die Petersilie und die Sahne zufügen. Die Sauce etwas eindicken lassen. Nach Bedarf nachwürzen.

Rebhühner mit Speck

4 Rebhühner, pfannenfertig dressiert
Salz, Pfeffer · 4 dünne Speckscheiben
2 gestrichene Eßl. Butter · 1 Zwiebel
1 Karotte/Möhre · 1 großer Kopf Wirsing
1 Knoblauchzehe · $1/2$ Teel. getrockneter Thymian
1 Lorbeerblatt
200 g durchwachsener Speck im Stück
$1/4$ l Fleischbrühe
Pro Person etwa 670 Kalorien (2810 Joule)

● Zubereitungszeit: 35 Minuten. Garzeit: 12 Minuten.

Bei offenem Topf: Die Rebhühner innen salzen und pfeffern, jeweils mit 1 Speckscheibe umwickeln und mit Holzspießchen feststekken. • 1 Eßlöffel Butter in eine Bratpfanne geben und die Rebhühner darin von allen Seiten kurz anbraten. •Gleichzeitig im Schnellkochtopf die restliche Butter schmelzen lassen. Die geschälte Zwiebel und die geschabte Karotte hacken, zugeben und 3–4 Minuten braten. Den Wirsing in Streifen schneiden (Strunk entfernen). Ebenfalls in den Schnellkochtopf geben und 1–2 Minuten mitbraten. •Dann die Hälfte vom Gemüse wieder aus dem Topf nehmen, die angebratenen Rebhühner hineingeben und mit dem herausgenommenen Gemüse zudecken. Mit Salz und Pfeffer, der geschälten und durchgepreßten Knoblauchzehe und dem Thymian würzen. Das Lorbeerblatt und den in 4 Stücke geschnittenen Speck obenauf legen. Den Bratensatz der Bratpfanne mit der Fleischbrühe lösen und ebenfalls zufügen. Den Topf schließen.

Bei geschlossenem Topf: 12 Minuten kochen. • Die Garzeit hängt von der Zartheit der Rebhühner ab. Die Speckstücke sollten nicht zu groß sein, damit sie in der angegebenen Zeit gar werden. Größere Stücke müßte man in der Fleischbrühe 5–10 Minuten im Schnellkochtopf vorkochen. Den Topf vom Herd nehmen und erst öffnen, wenn sich das Ventil gesenkt hat.

Nach dem Öffnen: Das Gericht in ein Sieb abgießen. Den Kochsud für eine Suppe aufbewahren. Die Rebhühner und den Speck auf dem Wirsing servieren.

> **Mein Tip** Dieses Gericht ist ideal für die Verwendung älterer Rebhühner. Junge Tiere werden am besten nur 7–10 Minuten in der Schnellbratpfanne geschmort.

Hasenrücken »Gilbert«

Für 2 Personen:
1 Hasenrücken · Salz, schwarzer Pfeffer
1 gestrichener Eßl. Butter
2 Eßl. Weinbrand oder Cognac · 1 Lorbeerblatt
2 Eßl. Fleischbrühe · 1 Knoblauchzehe
1 Eßl. Preiselbeerkonfitüre · 4 Eßl. Sahne/Rahm
½ Teel. französischer Senf · 1 Prise Oregano
Pro Person etwa 345 Kalorien (1450 Joule)

● Zubereitungszeit: 10 Minuten. Garzeit: 8–10 Minuten.

Bei offener Pfanne: Den Hasenrücken quer halbieren (damit er in der Pfanne Platz hat) und mit Salz und Pfeffer bestreuen. Die Butter in der Schnellbratpfanne erhitzen. Die beiden Fleischstücke darin von allen Seiten gut anbraten. Dann mit Weinbrand oder Cognac begießen. Das Lorbeerblatt zufügen, die Fleischbrühe darübergießen, die Pfanne schließen.

Bei geschlossener Pfanne: 8 Minuten schmoren lassen. • Die Pfanne vom Herd nehmen und erst öffnen, wenn sich das Ventil ganz gesenkt hat.

Nach dem Öffnen: Das Fleisch aus der Pfanne nehmen, anrichten und warm halten. Den Bratensaft mit der geschälten, durchgepreßten Knoblauchzehe und der passierten Preiselbeerkonfitüre aufkochen. Die Sahne, den Senf und den Oregano zugeben und unter Rühren eindicken lassen. Nach Bedarf nachwürzen Das Fleisch am Rückenknochen lösen und tranchieren. Die Sauce gesondert servieren.

Köstliches aus einem Topf

Für Eintopfgerichte ist der Schnellkochtopf wie geschaffen! Aus Fleisch – es darf auch ruhig ein preisgünstiges Stück mit längerer Garzeit sein – Gemüse und Kartoffeln entstehen die schmackhaftesten Gerichte, die sich ebenfalls ausgezeichnet als Gäste-Essen eignen. Denn Feinschmecker lieben Eintöpfe, wenn sie richtig zubereitet werden. Aber auch hier gibt es kleine Geheimnisse, von denen der Erfolg abhängt. Wichtig ist zu wissen, daß sich Eintopfgerichte oft aus Zutaten mit sehr verschiedenen Garzeiten zusammensetzen. Diese Zeiten können durch Tricks aufeinander abgestimmt werden, zum Beispiel durch das Kleinerschneiden von Produkten mit längerer Garzeit. Zur hohen Schule des Schnellkochens gehört es, den Kochprozeß sinnvoll zu unterbrechen, die verschiedenen Zutaten mit ähnlichen Garzeiten zusammenzufassen und gestaffelt beizugeben. Auf diese Art bleibt auch zartes Gemüse ansehnlich. Natürlich gibt es Eintopfgerichte, bei denen ruhig alles etwas verkocht sein darf. Es kommt immer auf das Rezept an, aber im allgemeinen braucht das Fleisch am längsten. Dasselbe gilt für ein gutes Pot-au-feu, den französischen Suppentopf, wo jede Fleischsorte ihre eigene Garzeit hat.

Besonders zu beachten:
● Im allgemeinen dürfen Eintopfgerichte ohne weiteres eine Spur zu lange gegart werden. Bei althergebrachten Garmethoden verdanken sie ja gerade dem stundenlangen »Köcheln« ihren kräftigen Geschmack. Deshalb braucht man auch bei den meisten Eintopfgerichten den Topf nach dem Garen nicht unter kaltem Wasser abzukühlen. Man kann warten, bis sich da Ventil von selbst gesenkt hat.
● Wic g beim Eintopf ist die Menge der Flüssigkeit. Zuviel Wasser oder Brühe verwässern die Gerichte. Ist nach dem Garen zuviel

Flüssigkeit vorhanden, hebt man Fleisch, Gemüse und Kartoffeln aus dem Topf und läßt den Sud bei starker Hitze etwas einkochen.

Pot-au-feu auf meine Art

Für 8 Personen:
1 Kalbszunge
500 g Suppenknochen · 500 g Ochsenschwanz
750 g mageres Rindfleisch · Salz, geriebene
*   Muskatnuß*
4–6 Pfefferkörner · 250 g durchwachsener
*   Speck*
500 g geräuchertes Schweinefleisch · 1 Knoblauchzehe
etwas gerebelter Kerbel · 4 Karotten/Möhren ·
*   1 Kopf Wirsing*
1 kleine Sellerieknolle · 1 Bund Petersilie
500 g Kartoffeln · 2 Kohlrabi · 1 Zwiebel
1 Lorbeerblatt · 1 Gewürznelke
1 große Stange Lauch/Porree
4 Markknochen
Pro Person etwa 845 Kalorien (3530 Joule)

● Zubereitungszeit: 15 Minuten. Garzeit: 1 Stunde und 30 Minuten.

Bei offenem Topf: ½ l Wasser aufsetzen und die Kalbszunge hineingeben.

Bei geschlossenem Topf: Die Kalbszunge zuerst 15–20 Minuten allein vorkochen.● Dann den Topf unter kaltem Wasser abkühlen und öffnen. Das Wasser weggießen und die Zunge vorläufig beiseite legen.●Die Suppenknochen und den Ochsenschwanz mit 2 l frischem Wasser im Siebeinsatz in den Topf ge-

46

ben. 20 Minuten unter Druck kochen lassen. • Den Topf unter kaltem Wasser abkühlen und öffnen. Das Rindfleisch, etwas Salz, Muskatnuß und die Pfefferkörner zugeben. 20 Minuten unter Druck kochen. • Wiederum unter kaltem Wasser abkühlen, öffnen und den Speck sowie das Schweinefleisch beifügen. Weitere 10 Minuten unter Druck kochen, abkühlen und öffnen. • Die Brühe mit Salz, der geschälten, durchgepreßten Knoblauchzehe und dem Kerbel würzen. • Das Gemüse putzen, waschen und kleinschneiden. Die Kartoffeln schälen und halbieren. • Einen zweiten Siebeinsatz in den Topf stellen und die Karotten, den Wirsing, den Sellerie, die Petersilie und die Kartoffeln hineingeben. Den Topf wieder schließen, 5 Minuten unter Druck kochen, dann unter kaltem Wasser abkühlen und öffnen. Die Kohlrabi, die ungeschälte, mit dem Lorbeerblatt und der Gewürznelke besteckte Zwiebel, die Lauchstange, die Markknochen und die kalte, geschälte Zunge hineinlegen. Nochmals 4 Minuten unter Druck kochen. Den Topf abkühlen, öffnen und die Siebeinsätze mit Inhalt herausheben.

Nach dem Öffnen: Alles in einer Terrine anrichten. Nach Belieben noch mit 8 Schweinswürstchen anrichten, die in einer anderen Pfanne heiß gemacht wurden. Nach Bedarf die Brühe etwas verdünnen.

Mein Tip Die Brühe kann am nächsten Tag mit Flädle serviert werden. Zu diesem Zweck Pfannkuchen in Streifen schneiden, in die heiße Brühe geben und mit viel frischer gehackter Petersilie bestreuen.

Szegediner Gulasch

Bild Seite 25

2 gestrichene Eßl. Butter
600 g mageres Schweinefleisch · 3 Zwiebeln
2 gestrichene Eßl. edelsüßes Paprikapulver
⅛ l Weißwein · 500 g saftiges Sauerkraut
1 Knoblauchzehe · ½ Teel. Kümmel
1 Prise getrockneter Dill · Salz, Pfeffer
1 Prise scharfes Paprikapulver
¼ l saure Sahne / Sauerrahm
Paprikapulver zum Bestreuen
Pro Person etwa 735 Kalorien (3070 Joule)

● Zubereitungszeit: 15 Minuten. Garzeit: 20 Minuten.

Bei offenem Topf: Die Butter im Schnellkochtopf erhitzen. Das Fleisch in Würfel schneiden und unter öfterem Wenden hellbraun darin anbraten. Die geschälten, gehackten Zwiebeln zugeben. 1–2 Minuten anziehen lassen. Das Paprikapulver zufügen, gut umrühren, dann mit dem Weißwein ablöschen. • Das gut abgetropfte Sauerkraut, die geschälte, durchgepreßte Knoblauchzehe, den Kümmel, den Dill, Salz, Pfeffer und das scharfe Paprikapulver zugeben. Den Topf schließen.

Bei geschlossenem Topf: 20 Minuten garen. • Den Topf vom Herd nehmen, das Ventil absinken lassen und öffnen.

Nach dem Öffnen: Die saure Sahne in einem kleinen Topf unter Rühren erwärmen (nicht kochen!). Die Hälfte davon unter das Gulasch ziehen, nachwürzen und anrichten. Die restliche Sahne vor dem Servieren auf das Gericht gießen, mit wenig Paprikapulver bestreuen.

Kutteltopf nach Art von Caën 🍲

800 g rohe Kutteln am Stück · 500 g Lauch/
Porree
1 Kalbsfuß, in Stücke geschnitten
1 Stück Speckschwarte · 3 Zwiebeln
1 Knoblauchzehe · 3 Gewürznelken
1 großes Lorbeerblatt · 1 Teel. Wacholder-
beeren
1 Zweig Selleriekraut · 1 Zweig Petersilie
1 Prise Thymian · Salz, Pfeffer · 1/8 l Apfelwein
1/8 l Fleischbrühe · 2 große Karotten/Möhren
2 Eßl. Calvados · 1 Eßl. Zitronensaft
1 Messerspitze Cayennepfeffer
Pro Person etwa 330 Kalorien (1385 Joule)

● Zubereitungszeit: 20 Minuten. Garzeit: 70 Minuten.

Bei offenem Topf: Die Kutteln in Vierecke von 4 cm Seitenlänge schneiden. • Die Lauchstangen waschen, quer halbieren und mit Küchenfaden zu Bündeln von je 3 Stück zusammenbinden. • Den Kalbsfuß in den Schnellkochtopf legen. Die Hälfte der Kuttelvierecke, die Speckschwarte, die geschälten, grobge-schnittenen Zwiebeln, die geschälte Knoblauchzehe, die Gewürznelken, das Lorbeerblatt, die Wacholderbeeren, das Selleriekraut, die Petersilie und den Thymian darüber verteilen. Mit Salz und Pfeffer würzen und die restlichen Kutteln dazugeben. Den Apfelwein und die Fleischbrühe zugießen und den Topf schließen.

Bei geschlossenem Topf: Die Kutteln 1 Stunde garen. • Dann den Topf unter kaltem Wasser abkühlen und öffnen. Die geschabten, in Scheiben geschnittenen Karotten und die Lauchbündel zugeben. Das Gemüse gut in die Flüssigkeit tauchen. Nochmals 8 Minuten unter Druck kochen, wiederum abkühlen und öffnen.

Nach dem Öffnen: Die Kutteln mit Salz und Pfeffer leicht nachwürzen. Den Calvados zugeben. • Die Kutteln, den Lauch und die Karotten aus dem Topf nehmen und auf einer Platte anrichten. • Den Zitronensaft zum Sud geben und mit dem Cayennepfeffer abschmekken. Die Sauce kochendheiß über die Kutteln passieren.

Das paßt dazu: Kartoffeln in der Schale (Rezept Seite 59) oder Kartoffelpüree.

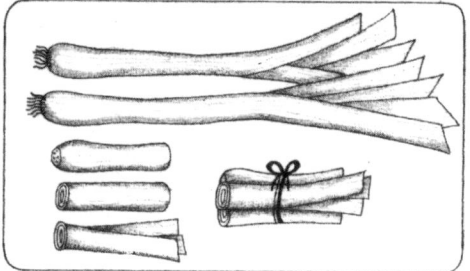

Die Lauchstangen quer halbieren und je 3 zu einem Bündel binden.

Mein Tip Die Kutteln sollten sehr heiß auf den Tisch kommen, deshalb die Teller vorwärmen. • Das Originalrezept wird mit rohen Kutteln zubereitet. Man kann aber auch vorgekochte Kutteln verwenden. In diesem Fall reduziert sich die Garzeit auf 12–15 Minuten.

Lammkasserolle »Denis«

600 g entbeinte Lammschulter
1 gestrichener Eßl. Butter · 1 Karotte/Möhre
¹/₂ Stange Lauch/Porree
1 Stück Sellerieknolle · 1 Zwiebel
1 Zweig Petersilie · 1 Lorbeerblatt
2 Koblauchzehen · Salz, Pfeffer
getrocknetes Basilikum · ¹/₄ l Fleischbrühe
14 Perlzwiebeln · 150 g Reis · 4 Tomaten
1 Prise Zucker
Pro Person etwa 595 Kalorien (2490 Joule)

● Zubereitungszeit: 15 Minuten. Garzeit:
20 Minuten.

Bei offener Pfanne: Die Lammschulter in 3 cm
große Würfel schneiden und in der Schnellbratpfanne in der heißen Butter anbraten. Die
geschabte Karotte, den gewaschenen Lauch,
die geschälte Sellerieknolle und die geschälte
Zwiebel hacken und zugeben. 1–2 Minuten
mitbraten. Die Petersilie, das Lorbeerblatt, die
geschälten, durchgepreßten Knoblauchzehen,
wenig Salz, Pfeffer und Basilikum sowie die
Fleischbrühe beifügen. Die Pfanne schließen.

Bei geschlossener Pfanne: 14 Minuten schmoren lassen. • Dann die Pfanne unter kaltem
Wasser abkühlen. Die geschälten Perlzwiebeln, den Reis, die geschälten, geschnittenen
Tomaten und den Zucker zufügen und 6 Minuten unter Druck setzen, abkühlen und öffnen.

Nach dem Öffnen: Gut durchrühren. Den Reis
nach Bedarf nachwürzen. Sollte der Reis zu
trocken sein, etwas heiße Fleischbrühe zugießen. Das Lorbeerblatt entfernen und sofort
anrichten.

Türkischer Schmortopf

Bild Seite 63

600 g Lammfleisch · 1 gestrichener Eßl. Butter
8 Tomaten · 2 Karotten/Möhren
1 gestrichener Eßl. edelsüßes Paprikapulver
0,2 l Fleischbrühe · Salz · 400 g Kartoffeln
250 g tiefgekühlte grüne Erbsen
8 kleine Zwiebeln · ¹/₂ Teel. Zimtpulver
1 Prise gemahlener Koriander · ¹/₄ l Joghurt
¹/₂ Teel. abgeriebene Zitronenschale
2 Knoblauchzehen
Pro Person etwa 665 Kalorien (2775 Joule)

● Zubereitungszeit: 20 Minuten. Garzeit:
20 Minuten.

Bei offenem Topf: Das Lammfleisch in 3 cm
große Würfel schneiden. • Die Butter im
Schnellkochtopf erhitzen. Das Fleisch zugeben
und unter öfterem Wenden hellbraun braten.
Die geschälten, kleingeschnittenen Tomaten,
die geschabten und in Scheiben geschnittenen
Karotten, das Paprikapulver, die Fleischbrühe
und Salz zufügen. Den Topf schließen.

Bei geschlossenem Topf: 15 Minuten garen. •
Den Topf unter kaltem Wasser abkühlen und
öffnen. Die geschälten und in Würfel geschnittenen Kartoffeln, die Erbsen, die geschälten
Zwiebeln, das Zimtpulver und den Koriander
zugeben. Nochmals 4 Minuten unter Druck
setzen. Abkühlen und öffnen.

Nach dem Öffnen: Den Joghurt mit der Zitronenschale und den geschälten, durchgepreßten
Knoblauchzehen mischen, langsam erwärmen. Das Fleisch mit dem Gemüse anrichten.
Die Joghurt-Sauce gesondert dazu servieren.

Gemüse rasch gegart

Gerade beim Schnellkochen bewahrt frisches zartes Gemüse sein volles Aroma. Auch Wintergemüse ist in wenigen Minuten gar, und aus dem reduzierten, knapp bemessenen Kochsud läßt sich noch eine feine Sauce oder eine Suppe zubereiten. Gemüse hat durch das Schnellkochen hohen gesundheitlichen Wert. Denn Vitamine, Aroma- und Mineralstoffe, die bei anderen Kochmethoden zu einem weitaus größeren Teil verloren gehen, bleiben auf diese Weise erhalten. Da die Aromastoffe durch den schonenden Garvorgang intensiviert werden, sind beim Schnellkochen auch nur wenig Salz und Gewürze erforderlich. Gemüse ist deshalb überaus schmackhaft. Alle Gemüsearten lassen sich im Schnellkochtopf garen, gleichgültig, ob man sie kocht, dämpft, dünstet oder schmort, wozu sich die Schnellbratpfanne am besten eignet.

Besonders zu beachten:
● Ganz junges zartes Gemüse mit sehr kurzen Garzeiten sollte man nicht im Schnellkochtopf garen, sondern im Normaltopf mit sehr wenig Flüssigkeit und eventuell etwas Butter dünsten (zarte grüne Erbsen, Auberginen, sehr feinen Blattspinat oder auch Zucchetti, die beim Schnellkochen viel Wasser ziehen).
● Gemüse sollte erst unmittelbar vor dem Garen geputzt, gewaschen und zerkleinert werden und darf nie längere Zeit im Wasser liegen! Damit die Vorteile des Schnellkochens nicht verlorengehen, serviert man Gemüse stets sofort nach dem Garen.
● Bei stark riechendem Gemüse, wie allen Kohlarten, wird das Druckventil erst eingeschraubt, nachdem 1 Minute lang kräftig Dampf ausgeströmt ist. So ziehen die scharfen Gerüche ab.

Spargel nach italienischer Art

1½ kg Spargel · 2 Eßl. Zitronensaft
½ l Wasser · Salz, weißer Pfeffer
½ Teel. Zucker · 1 gestrichener Teel. Butter
100 g geriebener Parmesankäse
4 gestrichene Eßl. Butter
Pro Person etwa 270 Kalorien (1120 Joule)

● Zubereitungszeit: 20 Minuten. Garzeit: 5–10 Minuten.

Bei offenem Topf: Den Spargel von oben nach unten großzügig schälen. Bis zum Kochen in Zitronenwasser legen, damit er sich nicht verfärbt. ● Das Wasser mit Salz, Pfeffer, Zucker und dem Teelöffel Butter aufkochen. Den gebündelten Spargel auf dem Siebeinsatz in den Topf geben. Den Topf schließen.

Bei geschlossenem Topf: 5–10 Minuten kochen. ● Die Garzeit kann je nach Zartheit des Spargels verschieden sein. Meistens ist der Spargel am Anfang der Spargelzeit schneller gar als gegen Ende. Deshalb nach 5 Minuten den Topf unter kaltem Wasser abkühlen und prüfen, ob der Spargel weich genug ist.

Nach dem Öffnen: Den Spargel gut abtropfen lassen. Dann auf eine vorgewärmte längliche Platte legen. Die Spargelspitzen mit wenig Salz, Pfeffer und dem geriebenen Parmesankäse bestreuen. Die Butter schmelzen lassen und darübergießen.

Das paßt dazu: ein gehaltvoller, eher herber Weißwein.

Blumenkohl mit Käse-Kräutersauce

1 Blumenkohl · ¹/₄ l Wasser · 2 Eßl. Milch
Salz, weißer Pfeffer, geriebene Muskatnuß
Für die Sauce:
1 gestrichener Eßl. Butter
¹/₂ Zwiebel · 1 gestrichener Eßl. Mehl
¹/₈ l Blumenkohlsud · ¹/₈ l Milch
Salz, Pfeffer, geriebene Muskatnuß
1 Eßl. gemischte frische Kräuter, wie Basili-
  kum, Rosmarin, Schnittlauch und
  Majoran
50 g geriebener Käse, beispielsweise Greyerzer
1 Eßl. gehackte Petersilie
Pro Person etwa 180 Kalorien (755 Joule)

● Zubereitungszeit: 15 Minuten. Garzeit: 4–5 Minuten.

Bei offenem Topf: Den geputzten Blumenkohl zuerst 10 Minuten in kaltes Salzwasser legen (damit eventuell Raupen entfernt werden können). • Dann auf dem Siebeinsatz in den Schnellkochtopf stellen. Das Wasser, die Milch und das Salz zufügen. Den Topf schließen.

Bei geschlossenem Topf: Aufkochen und 1 Minute lang Dampf aus dem noch offenen Ventil ausströmen lassen. Dann erst das Kochventil einsetzen. 4–5 Minuten kochen. • Die Garzeit kann je nach Jahreszeit verschieden sein. Nach 4 Minuten den Topf sofort unter kaltem Wasser abkühlen und öffnen. Prüfen, ob der Blumenkohl gar ist.

Nach dem Öffnen: Den Blumenkohl zusammen mit der Kochflüssigkeit in einer Schüssel warm halten. • Die Butter, die geschälte, feingehackte Zwiebel und das Mehl in den Topf geben. 1–2 Minuten dünsten, dann mit dem Blumenkohlsud ablöschen. Die Milch zufügen und unter Rühren zu einer sämigen Sauce kochen. Mit Salz, Pfeffer und Muskatnuß würzen und zuletzt die Kräuter und den Käse darunterziehen. • Den Blumenkohl abtropfen lassen, mit der Blume nach oben in eine Schüssel geben und mit der Sauce begießen. Mit der gehackten Petersilie bestreuen.

Das paßt dazu: Kartoffeln in der Folie, Bratkartoffeln oder Pommes frites.

> **Mein Tip** Man kann auch Brokkoli auf dieselbe Art zubereiten. Allerdings beträgt die Garzeit nur 2–3 Minuten.

Grünkohl mit Wurst
Bild Seite 54

1500 g Grünkohl/Braunkohl oder Wirsing
500 g Schweinenacken · 1 Zwiebel
1 Eßl. Butter · 0,2 l Fleischbrühe
Salz, weißer Pfeffer · 4 Kochwürste
Pro Person etwa 895 Kalorien (3745 Joule)

● Zubereitungszeit: 20 Minuten. Garzeit: etwa 25 Minuten.

Bei offenem Topf: Die Kohlblätter von den dicken Rippen streifen, gründlich waschen

Letscho, Rezept Seite 52, dieses beliebte Gemüse-
gericht, läßt sich in der Schnellbratpfanne in 20 Minuten zubereiten. ▷

und kleinschneiden. Den Schweinenacken in
mundgerechte Stücke schneiden. Die Zwiebel schälen und hacken. • Das Fleisch und
die Zwiebel in der Butter anziehen lassen.
Den Kohl zufügen und 1–2 Minuten mitdünsten, dann mit der Fleischbrühe ablöschen.
Den Topf schließen.

Bei geschlossenem Topf: Den Topfinhalt
18 Minuten kochen lassen. Öffnen, nachdem
das Ventil sich gesenkt hat.

Nach dem Öffnen: Das Gemüse mit Salz und
Pfeffer abschmecken. Die Würste in den Topf
legen, mit etwas Kohl überziehen und bei lok-
ker aufgelegtem Deckel 4–5 Minuten erhitzen. Rohe Würste müssen, je nach Sorte, länger mitgekocht oder separat vorgekocht werden.

Das paßt dazu: Kümmelkartoffeln.

Mein Tip Wenn nach dem Garen
zuviel Flüssigkeit im Topf ist, kann
man das Gemüse mit einer roh dazu
geriebenen Kartoffel binden. 5 Minuten schwach kochen lassen.

Letscho ⬲

Bild gegenüber

je 1 rote, grüne und gelbe Paprikaschote
4 Tomaten · 40 g durchwachsener Speck
1 gestrichener Eßl. Butter · 1 große Zwiebel

2 gestrichene Teel. edelsüßes Paprikapulver
Salz und Pfeffer
Pro Person etwa 125 Kalorien (515 Joule)

● Zubereitungszeit: 15 Minuten. Garzeit:
4 Minuten.

Bei offener Pfanne: Die Paprikaschoten halbieren, von Rippen und Kernen befreien, waschen und in 3 cm breite Streifen schneiden.
Die Tomaten kurz in heißes Wasser tauchen,
die Haut abziehen und die Tomaten in Stücke
schneiden. Den Speck kleinwürfeln. • Die Butter und den Speck in die Schnellbratpfanne
geben. 1–2 Minuten anziehen lassen. Die
Zwiebel schälen, feinhacken, zufügen und unter Wenden hellgelb rösten. Die Paprikaschoten zugeben, 1–2 Minuten braten. Die Tomaten und das Paprikapulver zufügen, mit Salz
und Pfeffer würzen und die Pfanne schließen.

Bei geschlossener Pfanne: 4 Minuten schmoren lassen. • Dann die Pfanne unter kaltem
Wasser abkühlen und öffnen.

Nach dem Öffnen: Die Gemüsemischung sofort anrichten.

Paßt zu: gegrilltem Fleisch, Reis oder Nudeln.

Mein Tip Letscho auf diese Art
zubereitet wird besonders kräftig im
Geschmack. Wichtig ist, daß man
keine Flüssigkeit zugibt, denn die Tomaten ziehen genügend Saft. Deshalb
sollte man beim Zerkleinern darauf
achten, daß der Saft der Tomaten
nicht verloren geht.

◁ Der deftige Grünkohl mit Wurst schmeckt, »unter
Druck« gegart, besonders aromatisch.
Rezept Seite 51.

Artischocken »Cardinale«

4 große Artischocken · 1 Zitrone · ¹/₄ l Wasser
Salz · 1 Knoblauchzehe
Für die Sauce:
4 Eßl. Olivenöl · 1 Eßl. französischer Senf
1 Eßl. Weißweinessig · 1 Eßl. Artischockensud
1 Teel. getrockneter Estragon
1 Eßl. gehackte Petersilie · 1 Knoblauchzehe
Salz, schwarzer, grob gemahlener Pfeffer
Pro Person etwa 135 Kalorien (565 Joule)

● Zubereitungszeit: 5 Minuten. Garzeit:
8–12 Minuten.

Bei offenem Topf: Zuerst den Stengel der Artischocken bis zum Blütenansatz abschneiden.
Das obere Drittel der Artischocken mit einem
scharfen Messer wegschneiden (siehe Zeichnung). Die Zitrone halbieren und die Schnitt-
flächen der Artischocken sofort damit bestreichen, weil sie sonst schwarz werden. • Das
Wasser mit etwas Salz und der geschälten, halbierten Knoblauchzehe aufkochen. Die Artischocken auf den Siebeinsatz geben. Den Topf
schließen.

Das obere Drittel der Artischocke abschneiden und
die Schnittstellen mit Zitronensaft bestreichen.

Bei geschlossenem Topf: 8–12 Minuten kochen. • Die genaue Garzeit ist von der Größe
und der Qualität der Artischocken abhängig.
Am besten nach 8 Minuten prüfen, ob sie gar
sind. Den Topf unter kaltem Wasser abkühlen
und öffnen. Wenn nötig, nochmals unter
Druck setzen.

Nach dem Öffnen: Die Artischocken abtropfen und abkühlen lassen. • Für die Sauce zuerst
das Öl mit dem Senf gut verrühren. Dann den
Essig und den Artischockensud dazumischen
und den Estragon und die gehackte Petersilie
unterziehen. Mit der geschälten, durchgepreßten Knoblauchzehe, etwas Salz und Pfeffer pikant würzen. Die Sauce gesondert zu den Artischocken servieren.

Das paßt dazu: frisches Weißbrot.

Mein Tip Die Artischocken sind
gar, wenn man die Blätter ohne Wi-
derstand auszupfen kann. Am Tisch
werden die Blätter einzeln von der Artischocke genommen, mit dem unte-
ren Teil in die Sauce getunkt und aus-
gesogen. Sind alle Blätter entfernt,
wird das sogenannte »Heu« aus dem
Artischockenboden herausgezogen.
Dann begießt man den Artischockenboden mit Sauce und ißt ihn mit Messer und Gabel.

55

Gefüllte Paprikaschoten

4 grüne oder rote große Paprikaschoten
1 gestrichener Eßl. Butter
1 Zwiebel · 200 g Rinderhackfleisch · 1 ge-
schälte Tomate · 1 rohe Kalbsbratwurst
3 Eßl. Sahne/Rahm · ¹/₂ Teel. gerebeltes Basi-
likum
100 g gekochter Langkornreis · ¹/₄ l Fleisch-
brühe
Pro Person etwa 375 Kalorien (1560 Joule)

● Zubereitungszeit: 20 Minuten. Garzeit:
4 Minuten.

<u>Bei offenem Topf:</u> Von den Paprikaschoten
am Stielende einen Deckel abschneiden, die
Schoten von Rippen und Kernen befreien und
waschen. ● Die Butter im Schnellkochtopf erwärmen. Die geschälte und feingehackte
Zwiebel und die kleingeschnittene Tomate mit
dem Rinderhackfleisch zugeben und 2–3 Minuten dünsten. Das Bratwurstbrät, die Sahne
und den Reis gut untermischen. Mit Salz, Pfeffer und dem Basilikum würzen. Die Paprikaschoten mit dieser Masse füllen. ● Auf dem
gelochten Siebeinsatz (mit Henkel zum Herausheben) in den Schnellkochtopf geben. Die
Deckel der Paprikaschoten wieder daraufle-
gen. Die Fleischbrühe zugeben und den Topf
schließen.

<u>Bei geschlossenem Topf:</u> 4 Minuten garen. ●
Den Topf unter kaltem Wasser abkühlen und
öffnen.

<u>Nach dem Öffnen:</u> Die Paprikaschoten aus
dem Topf heben und anrichten. ● Die Kochflüssigkeit bei starker Hitze auf die Hälfte einkochen. Diese Sauce über die Schoten verteilen.

<u>Das paßt dazu:</u> ein Glas feuriger Rotwein.

Mein Tip Der Reis kann weg-
gelassen und durch etwas mehr Hack-
fleisch, Champignons oder Fleischre-
ste ersetzt werden.

Gefüllte Sellerieknollen

4 kleine zarte Sellerieknollen
1 Eßl. Zitronensaft · 4 Tomaten · 1 Zwiebel
1 Eßl. Olivenöl · Salz, Pfeffer · 1 Teel. gerebel-
tes Basilikum · 1 Prise gerebelter Kerbel ·
1 Prise Zucker
50 g gekochte Zunge · 2 Eßl. gehackte Peter-
silie
¹/₄ l Fleischbrühe
Pro Person etwa 145 Kalorien (600 Joule)

● Zubereitungszeit: 20 Minuten. Garzeit:
8 Minuten.

<u>Bei offenem Topf:</u> Die Sellerieknollen mit
einer Bürste unter fließendem kaltem Wasser
gründlich säubern. Wenn nötig schälen. Sofort
mit ¹/₂ Eßlöffel Zitronensaft einreiben. ● Die
Knollen so aushöhlen, daß noch ein Rand von
1 cm stehenbleibt. ● Das ausgestochene Selle-
riefleisch feinwürfeln und ebenfalls sofort mit
dem restlichen Zitronensaft beträufeln. ● Die
Tomaten kurz in kochendes Wasser tauchen;

dann enthäuten, kleinschneiden und zusammen mit der feingehackten Zwiebel und den Selleriewürfeln in dem Olivenöl dünsten, bis ein dickes Mus entsteht. Mit Salz, Pfeffer, dem Basilikum, dem Kerbel und dem Zucker würzen. Die feingeschnittene Zunge und die Petersilie zugeben. Diese Füllung in die Sellerieknollen verteilen. • Auf dem gelochten Siebeinsatz (mit Henkeln zum Herausheben) in den Schnellkochtopf geben. Die Fleischbrühe zugießen und den Topf schließen.

Bei geschlossenem Topf: 8 Minuten garen. • Den Topf unter kaltem Wasser abkühlen und öffnen.

Nach dem Öffnen: Die gefüllten Sellerieknollen anrichten. • Den Saft auf die Hälfte einkochen und darübergießen.

Das paßt dazu: Kartoffelpüree.

> **Mein Tip** Dieses Gemüsegericht wird zur vollwertigen Mahlzeit, wenn man als Dessert Joghurt mit Früchten oder eine Quarkspeise serviert.

Paprikaschoten mit Pilzfüllung

4 grüne oder rote große Paprikaschoten
1 Zwiebel
50 g Speckwürfel · 1 gestrichener Eßl. Butter
200 g Pfifferlinge/Eierschwämme aus der Dose
1 Eßl. gehackte Petersilie
1 gestrichener Eßl. Mehl

4 Eßl. Sahne/Rahm · 2 Eier · Salz, Pfeffer, Majoran · ¼ l Fleischbrühe
¼ l saure Sahne/Sauerrahm · 1 gestrichener Teel. Speisestärke
1 gestrichener Teel. edelsüßes Paprikapulver
Pro Person etwa 340 Kalorien (1425 Joule)

● Zubereitungszeit: 25 Minuten. Garzeit: 5 Minuten.

Bei offenem Topf: Von den Paprikaschoten am Stielende einen Deckel abschneiden. Die Schoten von Rippen und Kernen befreien und waschen. Die Zwiebel schälen, feinhacken und mit den Speckwürfeln in der Butter 2–3 Minuten unter Rühren dünsten. • Die gut abgetropften Pfifferlinge (die Flüssigkeit aufbewahren) und die gehackte Petersilie beifügen. 1–2 Minuten mitdünsten, dann mit dem Mehl bestreuen. Mit 2 Eßlöffeln Pilzwasser aus der Dose ablöschen, die Sahne zufügen und 1–2 Minuten eindicken lassen. Die verquirlten Eier darunterziehen und mit Salz, Pfeffer und Majoran würzen. Diese Füllung in die Paprikaschoten verteilen. • Auf dem gelochten Einsatz (mit Henkeln zum Herausheben) in den Schnellkochtopf geben. Die Fleischbrühe zugießen und den Topf schließen.

Bei geschlossenem Topf: 5 Minuten garen. • Den Topf sofort unter kaltem Wasser abkühlen und öffnen.

Nach dem Öffnen: Die Paprikaschoten aus dem Topf heben und warm stellen. • Die Kochflüssigkeit bei starker Hitze auf die Hälfte einkochen lassen. Die saure Sahne mit der Speisestärke verquirlen und mit dem Paprikapulver zugeben. Langsam erwärmen. Die Sauce gesondert zu den Paprikaschoten servieren.

Das paßt dazu: Kartoffelpüree.

Karotten à la Vichy 🍲

1 kg möglichst junge Karotten
1/8 l Mineralwasser · 4 gestrichene Eßl. Butter
1 gestrichener Eßl. Zucker
Salz, weißer Pfeffer
1 Eßl. gehackte Petersilie oder Schnittlauch
Pro Person etwa 200 Kalorien (830 Joule)

● Zubereitungszeit: 20 Minuten. Garzeit: 4 Minuten.

Bei offenem Topf: Die Karotten schaben, waschen und in 3 mm dicke Scheiben schneiden. Auf dem Siebeinsatz mit dem Wasser in den Schnellkochtopf geben. Den Topf schließen.

Bei geschlossenem Topf: 4 Minuten kochen. ● Den Topf unter kaltem Wasser abkühlen und öffnen.

Nach dem Öffnen: Die Karotten abgießen und den Kochsud für eine Suppe aufbewahren. Die Karottenscheiben mit der Butter und dem Zucker wieder in den Topf geben. Mit Salz und Pfeffer würzen und unter ständigem Rühren glasig werden lassen (etwa 3–4 Minuten). Die Karotten anrichten und mit der gehackten Petersilie oder dem Schnittlauch bestreuen.

Paßt zu: gebratenem Kalbfleisch, Wiener Schnitzel oder Grillfleisch.

Mein Tip Nach dem Originalrezept werden diese Karotten mit dem echten Vichy-Mineralwasser zubereitet; Sie können aber auch jedes andere Mineralwasser verwenden.

Sauerkraut auf meine Art 🍲

1 Zwiebel · 2 gestrichene Eßl. Butter
750 g Sauerkraut · 6 Wacholderbeeren
1/8 l Weißwein
1/8 l Fleischbrühe · 1 Apfel · 1 rohe Kartoffel
1 Lorbeerblatt · Salz, Pfeffer · 1 Eßl. Cognac
    oder Weinbrand
Pro Person etwa 160 Kalorien (670 Joule)

● Zubereitungszeit: 10 Minuten. Garzeit: 15–20 Minuten.

Bei offenem Topf: Die Zwiebel schälen, feinhacken und in der Butter 1–2 Minuten dünsten. Das gut abgetropfte Sauerkraut und die Wacholderbeeren zugeben. Mit dem Weißwein und der Fleischbrühe ablöschen. Den Apfel und die rohe Kartoffel schälen und feinreiben. Beides unter das Sauerkraut mischen. Das Lorbeerblatt und etwas Salz und Pfeffer zufügen. Den Topf schließen.

Bei geschlossenem Topf: 15–20 Minuten garen. ● Den Topf vom Herd nehmen. Öffnen, sobald sich das Ventil gesenkt hat.

Nach dem Öffnen: Etwas Kochflüssigkeit abgießen und das Lorbeerblatt entfernen. Den Cognac oder den Weinbrand unter das Kraut mischen und nochmals kurz aufkochen lassen.

Mein Tip Noch besser schmeckt dieses Sauerkraut, wenn man geräucherten Speck oder Schweinefleisch mitkocht.

Kartoffelgenüsse

Für Kartoffeln hat sich wohl das Schnellkochen zuerst durchgesetzt. Besonders Kartoffeln in der Schale werden im Dampf am schmackhaftesten. Bei Salzkartoffeln ist es oft die reduzierte Garzeit, weshalb diese Methode von vielen bevorzugt wird. In jedem Fall bleiben das in den Kartoffeln enthaltene Eiweiß sowie die wichtigen Mineralsalze und Vitamine erhalten. Kartoffeln sollten deshalb ausschließlich im Schnellkochtopf zubereitet werden, denn sie sind das zuträglichste »Füllmaterial«. Daß sie, im Gegensatz zu anderen kohlenhydrathaltigen Speisen, nicht dick machen, scheint sich langsam herumzusprechen. Eine Portion Kartoffeln von etwa 200 g enthält nur 160 Kalorien! Dies ist für Linienbewußte besonders wichtig. Aber auch gebraten in der Schnellbratpfanne schmecken sie köstlich. Mit wenig Fett und Kräutern lassen sich Bratkartoffeln auf verschiedene Arten abwandeln.

Besonders zu beachten:
● Neue Kartoffeln immer ins kochende Wasser geben, alte dagegen kalt aufsetzen, damit beim langsamen Erhitzen die Stärke zum Aufquellen kommen kann.
● Beim Garen von ganzen Kartoffeln darauf achten, daß alle ungefähr gleich groß sind. Nicht oder nur wenig salzen. Ist das Aufspringen erwünscht, darf der Topf nach dem Garen unter fließendem kaltem Wasser abgekühlt werden. Sollen sie hingegen ganz bleiben, läßt man den Topf langsam von selbst abkühlen.
● Beim Garen von Kartoffeln im Schnellkochtopf den Siebeinsatz benützen!

Kartoffeln in der Schale

1 kg Kartoffeln · 1 Teel. Salz · ⅛ l Wasser
Pro Person etwa 210 Kalorien (890 Joule)

● Zubereitungszeit: 3 Minuten.
Garzeit: 8–12 Minuten.

Bei offenem Topf: Die Kartoffeln gründlich waschen. Im Siebeinsatz oder einem Spezialkörbchen in den Schnellkochtopf geben. Mit dem Salz bestreuen und das Wasser zufügen. Den Topf schließen.

Bei geschlossenem Topf: 8–12 Minuten kochen. • Beim Kartoffelkochen ergeben sich die unterschiedlichsten Garzeiten. Es kommt sehr auf die Kartoffelsorte und die Jahreszeit an. Mit der Zeit bekommt man dafür ein gewisses Gefühl. Anfängerinnen möchte ich empfehlen, nach 8 Minuten den Topf von der Herdplatte zu ziehen. Auf diese Art garen die Kartoffeln nach, ohne mehr als nötig weich zu werden. Den Topf vom Herd nehmen und öffnen, wenn sich das Ventil gesenkt hat.

Nach dem Öffnen: Die Kartoffeln sofort in ein Sieb gießen, kurze Zeit ausdämpfen lassen, anrichten und mit einer Serviette zudecken. Es gibt ausgepolsterte Spezialkörbe, in denen die Kartoffeln auf dem Tisch längere Zeit warm bleiben.

Paßt zu: Kutteln, Saucengerichten oder einer Käseplatte.

Kartoffeln nach ungarischer Art

2 Zwiebeln · 2 gestrichene Eßl. Butter
1 kg Kartoffeln
1 gestrichener Eßl. edelsüßes Paprikapulver
¼ l Fleischbrühe
½ Eßl. Tomatenpüree · Salz, Pfeffer
½ Teel. Dill · ½ Teel. Kümmel
¼ l saure Sahne/Sauerrahm
Pro Person etwa 380 Kalorien (1580 Joule)

● Zubereitungszeit: 15 Minuten. Garzeit: 4 Minuten.

Bei offenem Topf: Die Zwiebeln schälen, fein-hacken und im Schnellkochtopf in der Butter 2–3 Minuten dünsten, bis sie hellgelb werden. • Die geschälten, gewaschenen Kartoffeln in 3–4 mm dicke Scheiben schneiden. Mit dem edelsüßen Paprikapulver zu den Zwiebeln ge-ben. Wenden und mit der Fleischbrühe ablö-schen. • Das Tomatenpüree, wenig Salz und Pfeffer, die Hälfte vom kleingehackten Dill und den Kümmel zufügen. Den Topf schließen.

Bei geschlossenem Topf: Die Kartoffeln 4 Mi-nuten garen. Den Topf unter kaltem Wasser abkühlen lassen und öffnen.

Nach dem Öffnen: Die Kartoffeln anrichten. • Die saure Sahne leicht erwärmen und mit et-was Salz und Pfeffer würzen. Über die Kartof-feln geben und mit dem restlichen Dill und dem Paprikapulver bestreuen.

Paßt zu: Schweinekoteletts und Salaten.

Mein Tip Besonders gut schmeckt dieses Gericht, wenn man es mit neuen, kleinen Kartoffeln zubereitet. In diesem Fall die Kartoffeln nur gut bürsten, waschen und ungeteilt kochen.

Kartoffeln in Senfsauce

1 Zwiebel · 1 gestrichener Eßl. Butter
800 g Kartoffeln · ¼ l Gemüsebrühe
Salz, Pfeffer, geriebene Muskatnuß
1 Prise getrockneter Majoran
1 Eßl. scharfer Senf
1 gestrichener Teel. Speisestärke
⅛ l Sahne/Rahm
2 Eßl. gehackter Schnittlauch
Pro Person etwa 315 Kalorien (1310 Joule)

● Zubereitungszeit: 10 Minuten. Garzeit: 4 Minuten.

Bei offenem Topf: Die geschälte und gehackte Zwiebel in der Butter anbraten. • Die Kartof-feln schälen, waschen und in 3 mm dicke Schei-ben schneiden. Zu den Zwiebelwürfeln geben. Mit der Gemüsebrühe begießen. Wenig Salz, Pfeffer, geriebene Muskatnuß und den Majo-ran zugeben. Den Topf schließen.

Bei geschlossenem Topf: 4 Minuten kochen. • Den Topf sofort unter kaltem Wasser abküh-len und öffnen.

Nach dem Öffnen: Etwas Flüssigkeit aus dem Topf nehmen und mit dem Senf, der Speisestärke und der Sahne verrühren. • Die Kartoffeln wieder auf den Herd stellen und die Senfmischung darunterrühren. Langsam aufkochen, bis die Sauce sämig wird. Vor dem Servieren mit dem Schnittlauch bestreuen.

Paßt zu: gekochter Ochsenbrust (Rezept Seite 32), Schweinsbratwürstchen oder Schinken.

> **Mein Tip** Am besten gelingt dieses Gericht mit gelben Kartoffeln (Bintje).

Gefüllte Kartoffeln

8 mittelgroße Kartoffeln
3 rohe Bauernbratwürste · 1 kleine Zwiebel
1 Eßl. gehackte Petersilie
1 gestrichener Eßl. Butter
1 Prise Kümmelpulver · Salz, Pfeffer
¼ l Fleischbrühe
Pro Person etwa 310 Kalorien (1300 Joule)

● Zubereitungszeit: 20 Minuten. Garzeit: 12 Minuten.

Bei offenem Topf: Die Kartoffeln schälen, waschen und so aushöhlen, daß ein 1 cm dicker Rand erhalten bleibt (siehe Zeichnung). • Die Bauernbratwürste in eine Schüssel aus der Haut drücken. Die Zwiebel schälen, feinhacken und mit der Petersilie in der Butter 1–2 Minuten im Schnellkochtopf anziehen lassen.

Am leichtesten höhlen Sie Kartoffeln mit dem Kugelausstecher aus.

Die Mischung herausnehmen und zusammen mit dem Kümmelpulver unter die Bratwurstfüllung geben. • Die Kartoffeln innen mit Salz und Pfeffer bestreuen und mit der Fleischmasse füllen. Auf dem Siebeinsatz in den Schnellkochtopf geben. Die Fleischbrühe einfüllen. Den Topf schließen.

Bei geschlossenem Topf: 12 Minuten garen. • Den Topf vom Herd nehmen und erst öffnen, wenn sich das Ventil gesenkt hat.

Nach dem Öffnen: Die Kartoffeln aus dem Topf heben und anrichten. Den zurückgebliebenen Saft kurz aufkochen und über die Kartoffeln verteilen.

Das paßt dazu: gemischter Salat.

> **Mein Tip** Die Kartoffeln schmecken auch gut mit einer Füllung aus gehackten Bratenresten oder einer beliebigen Hackfleischmischung. Das Innere der Kartoffeln kann für eine Gemüse- oder Kartoffelsuppe verwendet werden.

Reis und Teigwaren

Es gibt überzeugte »Schnellköchinnen«, die alles im Schnellkochtopf zubereiten, sogar Reis und Teigwaren. Deshalb enthält dieses Buch auch dafür Rezepte.

Die Zubereitung von Reisgerichten im Schnellkochtopf ist problemlos, sofern man sich genau an die Kochzeiten und die angegebenen Flüssigkeitsmengen hält. Liebhaber der echten italienischen Küche aber werden ihren Risotto weiterhin auf konventionelle Art zubereiten. Sie lieben es zu sehen, wie er langsam gar wird und »suppig« bleibt.

So ist es auch beim Teigwarenkochen. Nudeln und ähnliche Teigwaren müssen unbedingt »al dente« sein, man soll sie zwischen den Zähnen noch spüren. Und das ist oft schwierig, weil doch alle Marken wieder verschiedene Garzeiten verlangen. Man kann, wenn man das Produkt kennt, gute Resultate erzielen. Muß man aber, um den Gargrad zu kontrollieren, den Topf ein- bis zweimal öffnen, dann lohnt sich das Schnellkochen bei Teigwaren nicht. Außerdem benötigen sie viel Wasser, auch beim Schnellkochen. Man braucht also für größere Mengen einen dementsprechenden Topf, den man vielleicht nicht besitzt.

Beim Polentakochen hingegen lohnt sich die Verkürzung der Garzeit, weil hier das lästige Spritzen wegfällt. Auch ganze Maiskolben werden im Schnellkochtopf überaus schmackhaft und zart.

Besonders zu beachten:
● Garzeiten und Flüssigkeitszugabe genau nach der Tabelle (Seite 11) einhalten. Besonders beim Reis hängt es vom Verhältnis von Menge zur Flüssigkeit ab, ob der Reis körnig bleibt oder zu weich wird.
● Ganze Maiskolben sollten von der Flüssigkeit bedeckt sein. Sie werden auf diese Weise gleichmäßig gar.

Körnig gekochter Reis

½ l Wasser · Salz · 250 g Langkornreis
Butterflocken (nach Belieben)
Pro Person etwa 235 Kalorien (995 Joule)

● Zubereitungszeit: 5 Minuten. Garzeit: 6 Minuten.

Bei offenem Topf: Das Wasser mit dem Salz im Schnellkochtopf aufkochen. Den Reis hineingeben, kurz umrühren und den Topf schließen.

Bei geschlossenem Topf: 6 Minuten kochen.● Dann den Topf sofort unter kaltem Wasser abspülen und öffnen.

Nach dem Öffnen: Den Reis abgießen, in eine vorgewärmte Schüssel geben. Mit wenig Salz und Butterflocken mischen.

Paßt zu: Saucengerichten.

Mein Tip Körnig gekochter Reis kann zu interessanten Beilagen abgewandelt werden: Durch Beigabe von Zitronen- oder Orangensaft und -Schale, Kräutern, geröstetem Knoblauch, gehobelten, gerösteten Mandeln oder durch eine Mischung aus Mandelsplittern, Rosinen und gedünsteten Paprikaschotenwürfeln.

Zum Bild auf Seite 63: Türkischer Schmortopf, Rezept Seite 49.
◁ Auch Aprikosenknödel, Rezept Seite 69, gelingen mit dem Schnellkochtopf.

Safran-Risotto

1 gestrichener Eßl. Butter · 1 große Zwiebel
200 g Reis (Vialone oder eine andere italieni-
sche Reissorte) · ¼ l Fleischbrühe · 1 Lor-
beerblatt
1 Gewürznelke · 1 Knoblauchzehe
Salz, Pfeffer · 1 Prise Safran · ⅛ l Weißwein
1½ Eßl. Butter oder 3 Eßl. Sahne/Rahm
50 g geriebener Käse, Parmesan oder Sbrinz
Pro Person etwa 330 Kalorien (1395 Joule)

● Zubereitungszeit: 10 Minuten. Garzeit: 6 Minuten.

Bei offenem Topf: Die Butter im Schnellkochtopf erhitzen. Die geschälte und feingehackte Zwiebel 1–2 Minuten darin anschwitzen. Den Reis zufügen. Gut umrühren, dann die Fleischbrühe zugeben. Das Lorbeerblatt, die Gewürznelke, die geschälte und durchgepreßte Knoblauchzehe, Salz, Pfeffer, den Safran und den Weißwein zufügen. Den Topf schließen.

Bei geschlossenem Topf: 6 Minuten garen. • Den Topf sofort unter kaltem Wasser abkühlen und öffnen. Den Reis nicht länger kochen. Er soll körnig, aber feucht bleiben.

Nach dem Öffnen: Den Reis mit Salz und Pfeffer nachwürzen. Die Butter oder Sahne und den geriebenen Käse unterziehen.

Paßt zu: Salaten und gegrilltem Fleisch.

> **Mein Tip** Dieser Reis läßt sich abwandeln: mit Pilzen, Paprikaschoten und Käse anstelle von Safran.

Bunte Reispfanne

1 gestrichener Eßl. Butter · 1 große Zwiebel
200 g Reis (Vialone oder eine andere italieni-
sche Sorte)
100 g gekochte Zunge am Stück
100 g Fleischkäse am Stück
1 gestrichener Eßl. edelsüßes Paprikapulver
¼ l Fleischbrühe · ¼ l Weißwein · Salz, Pfeffer
1 Prise Dill · 100 g geriebener Käse (Greyer-
zer)
2 Eßl. gehackter Schnittlauch
Pro Person etwa 480 Kalorien (2005 Joule)

● Zubereitungszeit: 10 Minuten. Garzeit: 6 Minuten.

Bei offenem Topf: Die Butter im Schnellkochtopf erhitzen. Die Zwiebel schälen, feinhacken und 1–2 Minuten darin dünsten. Den Reis beifügen. • Die Zunge und den Fleischkäse in kleine Würfel schneiden. Mit dem Paprikapulver zum Reis geben und 1–2 Minuten mitdünsten. Dann mit der Fleischbrühe und dem Weißwein ablöschen. Mit Salz, Pfeffer und Dill würzen. Den Topf schließen.

Bei geschlossenem Topf: 6 Minuten garen. • Den Topf sofort unter kaltem Wasser abkühlen und öffnen. • Achtung: Den Reis unter keinen Umständen länger kochen! Er soll »al dente«, also körnig sein, aber feucht bleiben.

Nach dem Öffnen: Den Reis je nach Geschmack etwas nachwürzen. • Den geriebenen Käse und den gehackten Schnittlauch darunterziehen. Sofort anrichten.

Spaghetti al burro 🍳

3 l Wasser · Salz · 400 g Spaghetti
6 gestrichene Eßl. Butter
1 Knoblauchzehe (nach Belieben)
100 g geriebener Käse, Parmesan oder Sbrinz
Pro Person etwa 685 Kalorien (2870 Joule)

● Zubereitungszeit: 5 Minuten. Garzeit:
3–4 Minuten.

Bei offenem Topf: Das Wasser mit 1 Eßlöffel
Salz im Schnellkochtopf aufkochen. Die Spaghetti hineingeben. Mit einer Holzkelle stän-
dig umrühren, damit sie nicht aneinanderkle-
ben. Nochmals aufkochen lassen, dann den
Topf schließen.

Bei geschlossenem Topf: 4–5 Minuten kochen. ● Die genaue Garzeit richtet sich nach der
Qualität der Spaghetti. Deshalb lieber bereits
nach 4 Minuten den Topf unter kaltem Wasser
abspülen, öffnen und bei offenem Topf fertig
garen. Die Spaghetti sollen »al dente«, also
bißfest bleiben.

Nach dem Öffnen: Die Spaghetti in ein Sieb
abgießen. Die Butter in den Topf geben,
schmelzen lassen, dann die Spaghetti kurz
darin wenden. Nach Belieben die durchgepreßte Knoblauchzehe daruntermischen. Mit
viel Käse servieren.

Das paßt dazu: Salat.

> **Mein Tip** Dies ist das Basisrezept
> für unzählige andere Spaghetti-Ge-
> richte.

Tiroler Speckknödel 🍳

6 altbackene Semmeln
200 g geräuchertes, gekochtes Schweinefleisch
150 g durchwachsener Speck · 1 große Zwiebel
1 gestrichener Eßl. Butter
2 Eßl. gehackte Petersilie · 80 g Mehl · 2 Eier
Salz, Pfeffer · ¹/₄ l Milch
Pro Person etwa 700 Kalorien (2935 Joule)

● Zubereitungszeit: 30 Minuten. Garzeit:
5 Minuten.

Bei offenem Topf: Die Semmeln, das Schweinefleisch und den Speck kleinwürfeln. Die
Zwiebel hacken. ● Die Speckwürfel in einer
Pfanne glasig werden lassen. Die Butter, die
Zwiebelwürfel und die gehackte Petersilie zugeben und unter Wenden 1–2 Minuten
mitdünsten. Die Fleisch- und Semmelwürfel
zufügen und einige Minuten mitrösten. Alles
in eine Schüssel geben und mit dem Mehl vermengen. ● Die Eier mit wenig Salz und Pfeffer
und der Milch verquirlen. Über die Brötchen-
masse gießen. Die Masse gut mischen und 10
Minuten stehenlassen. ● Mit bemehlten Hän-
den Knödel formen. ● Den Schnellkochtopf bis
zum Einsatz mit Salzwasser füllen und dieses
aufkochen lassen. Etwa 6 Knödel in den gebut-
terten Einsatz geben und den Topf schließen.

Bei geschlossenem Topf: Die Knödel 5 Minuten garen. ● Den Topf vom Herd nehmen. Das
Ventil absinken lassen, den Topf öffnen und
die restlichen Knödel garen.

Nach dem Öffnen: Die Knödel zum Warmhal-
ten in einen mit heißem Wasser gefüllten Topf
geben. Vor dem Anrichten mit der Schaum-
kelle herausnehmen und gut abtropfen lassen.

66

Geliebtes Dessert

Daß man Apfel- und Birnenschnitze im Schnellkochtopf garen kann, ist sicher bekannt. Aber daß auch raffinierte Desserts darin entstehen können, zum Beispiel ein köstlicher Pudding, den man bisher im Wasserbad zubereiten mußte, ist wohl vielen neu. Das Wasserbad wird durch das einfachste Verfahren ersetzt: Man stellt die Formen lediglich auf einen Einsatz mit Füßchen und gart den Inhalt im geschlossenen Topf. Das Resultat: feine Puddings, ohne Aufwand und Aufregung im Nu gekocht!

Besonders zu beachten:
● Früchte brauchen nicht viel Zucker. Deshalb am besten erst nach dem Garen süßen.
● Für Beeren und Früchte mit sehr kurzen Kochzeiten den Druckanzeiger nur bis zum ersten Strich steigen lassen und den Topf sofort kalt abspülen und öffnen.
● Birnen, Äpfel und weiße Pfirsiche gleich nach dem Schälen mit Zitronensaft bestreichen.

Schokolade-birnen

4 große Birnen einer festen Sorte
1 Eßl. Zitronensaft · ¹/₈ l Apfelsaft
2 Eßl. Kirschenmarmelade
2 Eßl. geschälte, gemahlene Mandeln
50 g bittere Schokolade
1 gestrichener Teel. Instant-Pulverkaffee
1 Eßl. Rum · 1 gestrichener Eßl. Butter
Pro Person etwa 270 Kalorien (1140 Joule)

● Zubereitungszeit: 20 Minuten. Garzeit: 4–6 Minuten.

Bei offenem Topf: Die Birnen schälen, den Blütenansatz entfernen, aber den Stiel belassen. Sofort mit dem Zitronensaft bestreichen. Die Birnen auf dem Siebeinsatz in den Schnellkochtopf geben. Mit Apfelsaft begießen. Den Topf schließen.

Bei geschlossenem Topf: 4 Minuten kochen. ● Den Topf unter kaltem Wasser abkühlen und öffnen. Mit einer Stricknadel prüfen, ob die Birnen gar sind. Sie dürfen nicht zerfallen. Sollten sie noch hart sein, nochmals 1–2 Minuten unter Druck setzen. Danach den Topf sofort unter kaltem Wasser abkühlen und öffnen.

Nach dem Öffnen: Die Birnen vorsichtig aus dem Topf nehmen und erkalten lassen. ● Gerade schneiden, damit sie stehen und von unten etwas aushöhlen. Die Marmelade mit den Mandeln mischen. Die Birnen damit füllen. ● Den Kochsud der Birnen abgießen. 2 Eßlöffel davon in einen kleinen Topf geben. Die in kleine Stücke zerbrochene Schokolade und den Pulverkaffee zufügen. ● Den Schnellkochtopf halbhoch mit Wasser füllen. Erwärmen und den kleinen Topf hineinstellen. Die Schokolade unter Rühren auflösen. Den Rum und die Butter zugeben. Diese Sauce heiß über die kalten Birnen gießen und sofort servieren.

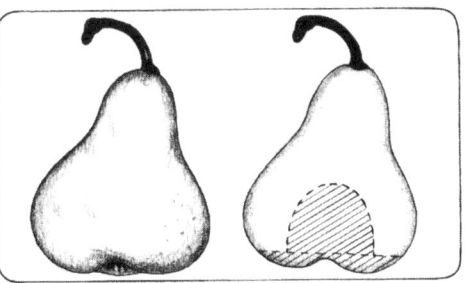

Die Birnen aushöhlen (gestricheltes Stück) und unten geradeschneiden, damit sie gut stehen.

Echter Karamelpudding

200 g Zucker (für die Karamelsauce) · 4 Eier
70 g Zucker · 1 Päckchen Vanillinzucker
1 Prise Salz · ¹/₂ l Milch
1 Eßl. Rum oder einige Tropfen Rum-Aroma
Pro Person etwa 510 Kalorien (2150 Joule)

● Zubereitungszeit: 10 Minuten. Garzeit: 12–14 Minuten für eine große Form, 8 Minuten für kleine Förmchen.

Bei offenem Topf: Für die Karamelsauce den Zucker ohne Wasser bei schwacher Hitze schmelzen und karamelisieren lassen. Sobald er schön braun ist, die Hälfte davon in eine feuerfeste Puddingform oder in kleine Portionsförmchen gießen und so verteilen, daß Boden und Wände leicht mit dem Karamel überzogen sind. Den Rest des gebrannten Zuckers mit wenig Wasser zu einer Karamelsauce verdünnen. ● Die Eier, den Zucker, den Vanillinzucker und das Salz gut verrühren, die Milch und den Rum dazugießen und die Mischung in die Form oder die Förmchen geben. Mit einem passenden Deckel oder mit Aluminiumfolie gut verschließen (oder noch besser die ganze Form oder die Förmchen darin locker einpacken).

Bei geschlossenem Topf: Den Einsatz mit Füßchen in den Schnellkochtopf stellen. Bis zum Boden des Einsatzes Wasser füllen und die Form oder die Förmchen daraufstellen. Den Schnellkochtopf schließen. Erhitzen, bis der Druckanzeiger schwach auf den ersten Ring kommt. 12–14 Minuten für eine große Form und 8 Minuten für kleine Förmchen auf diesem Stand belassen.

Nach dem Öffnen: Den Topf unter kaltem Wasser abkühlen und sofort öffnen. ● Garprobe machen: Mit einer Dressiernadel oder einem Hölzchen in der Mitte einstechen (es soll nichts mehr daran hängenbleiben). ● Den Pudding erkalten lassen. ● Vor dem Stürzen die Form oder die Förmchen kurz in heißes Wasser tauchen, damit sich der Karamel am Boden besser löst.

Mein Tip Den Pudding mit Schlagsahne und nach Belieben mit Früchten garnieren. Die Karamelsauce gesondert dazu servieren.

Mokkapudding

³/₄ l Milch · 90 g Zucker · 1 Teel. Vanillinzucker
3 Eßl. Instant-Pulverkaffee · 8 Löffelbiskuits
4 Eier · 2 Eßl. Weinbrand oder Rum · Butter für die Form
Pro Person etwa 360 Kalorien (1500 Joule)

● Zubereitungszeit: 10 Minuten, zusätzlich Zeit zum Abkühlen. Garzeit: 12–14 Minuten.

Bei offenem Topf: Die Milch mit dem Zucker und dem Vanillinzucker aufkochen lassen. Den Instant-Pulverkaffee darin auflösen. ● Die Löffelbiskuits halbieren, in eine Schüssel geben und mit der Milch begießen. 5 Minuten stehenlassen. ● Inzwischen die Eier verquirlen. Mit dem Weinbrand oder Rum unter die erkaltete Masse mischen. ● Eine Puddingform gut mit der Butter ausstreichen. Die Masse einfüllen. Die Form mit einem passenden Deckel oder einer Aluminiumfolie gut verschließen (oder noch besser die ganze Form darin locker einpacken).

Bei geschlossenem Topf: Den Einsatz mit Füßchen in den Schnellkochtopf stellen. Bis zum Boden des Einsatzes Wasser füllen, die Form daraufstellen und 12–14 Minuten garen. Den Topf unter kaltem Wasser abkühlen lassen und öffnen.

Aprikosen-knödel

Bild Seite 64

1 kg Aprikosen · 10 Stück Würfelzucker
¹/₄ l Wasser · 2 Prisen Salz
1 Teel. abgeriebene Zitronenschale
70 g Butter · 200 g Mehl · 3–4 Eier
1¹/₂ Eßl. Zucker · Butter für den Einsatz
50 g Butter · 4 Eßl. Zucker zum Bestreuen
Pro Person etwa 825 Kalorien (3445 Joule)

● Zubereitungszeit: 15 Minuten. Garzeit: 5 Minuten.

Bei offenem Topf: Die Aprikosen waschen, abtrocknen und halbieren, aber nicht ganz durchschneiden. Den Stein entfernen und stattdessen jeweils ¹/₂ Würfelzucker hineingeben. Die Früchte wieder zuklappen. • Das Wasser mit dem Salz, der Zitronenschale und der Butter aufkochen lassen, das gesiebte Mehl auf einmal zugeben. Die Teigmasse bei schwacher Hitze kochen und mit einer Holz-

kelle umrühren, bis sie glatt und glänzend ist und sich vom Topfboden löst. Pfanne von der Heizquelle wegziehen. • Die verquirlten Eier nacheinander gut unter den Teig arbeiten. Zuerst nur 3 Eier zugeben; das vierte lediglich bei Bedarf unterrühren. Der Teig soll geschmeidig, aber nicht flüssig sein. • Vom ausgekühlten Teig kleine Portionen abstechen, diese flachdrücken und je 1 Aprikose darin einwickeln. Die Teigschicht soll nur etwa 3 mm betragen. • Den Schnellkochtopf bis zum Einsatz mit leicht gesalzenem Wasser füllen und dieses aufkochen lassen. Die Knödel portionsweise (etwa 6 Stück) in den mit Butter bestrichenen Einsatz geben und den Topf schließen.

Bei geschlossenem Topf: 5 Minuten garen. • Den Topf unter kaltem Wasser abkühlen und sofort öffnen. • Die restlichen Knödel wie oben beschrieben ebenfalls garen.

Nach dem Öffnen: Die Knödel mit der geschmolzenen Butter begießen, den Zucker darüberstreuen und warm oder lauwarm servieren. • Mit Aluminiumfolie abgedeckt halten sich die Knödel auf einem Kerzenrechaud warm.

Mein Tip Man kann die Aprikosenknödel auch noch warm mit einer Mischung aus 100 g Zucker, 1 Teelöffel Zimt, 100 g geriebenen Mandeln oder Haselnüssen und 100 g geschmolzener Butter wenden. So schmecken sie besonders gut. • Statt Aprikosen eignen sich ebenso gut Zwetschgen.

Rezept- und Sachregister

Rezept- und Sachregister

Hinweis
Wenn Sie ausführliche Informa-
tionen zu Schnellkochtöpfen und
Schnellbratpfannen wünschen,
wenden Sie sich bitte an den
Fachhandel oder an:
Electro-as GmbH,
Postfach 61 03 09,
2000 Hamburg 61;
Fissler GmbH, Postfach 23 20,
6580 Idar-Oberstein;
Silit-Werke GmbH,
Postfach 2 60,
7940 Riedlingen;
WMF, Postfach 76,
7340 Geislingen/Steige.

Kochbücher »wie noch nie«.

Hier sind die millionenfach
bewährten und berühmten
»wie noch nie« Bildkoch-
bücher. Mit kulinarisch-
köstlichen und zugleich
praktischen Bildrezepten.

Backvergnügen wie noch nie
Das große GU Backbuch
mit Christian Teubners und
Annette Wolters besten
Back-Ideen: Von Groß-
mutters Napfkuchen und
großer Torten-Nostalgie,
klassisch-raffinierter Weih-
nachtsbäckerei bis zu den
beliebten Obstkuchen. Von
rustikalen Brotlaiben,
Brezen und Schmalzgebäck
bis zu verführerischen Pizza-
Variationen…
Über 300 brillante Farbfotos
machen das Backen leicht
und vergnüglich.

**Kalte Küche –
köstlich wie noch nie**
Unglaublich schöne Farbfotos
mit köstlichen Rezepten für
Bunte Happen, Kalte Platten,
delikate Brote und pikante Brot-
aufstriche, für appetitlich
gefüllte Gemüse und Früchte
und abwechslungsreiche Fleisch-
und Käseplatten, für Delikates-
sen aus dem Meer, Party-Gebäck
und Feinschmecker-Pasteten,
für leichte und raffinierte Salate,
kleine und große Buffets, für
Pikantes zu Bier und Wein…
**Über 300 brillante Farbfotos zum
Schwelgen!**

Kochvergnügen wie noch nie
Das große GU Bildkoch-
buch. Mit den besten Koch-
Ideen von Christian Teubner
und Annette Wolter für
deftige und feine Suppen,
köstliche Vorspeisen,
einfache und raffinierte
Hauptgerichte und himm-
lische Desserts. Ob rustikal,
gediegen oder festlich – was
Sie auch auswählen, gelingt
und schmeckt fabelhaft.
Über 300 brillante Farbfotos
beantworten Ihre tägliche
Frage »was koche ich
heute?"

GU
Gräfe
und
Unzer

Einfach
ansehen,
auswählen,
nachkochen
oder
nachbacken…